경주 이야기

제2권 낭산 · 선도산 · 소금강산 편

하성찬 지음

경주 이야기
제2권 남산·선도산·소금강산 편

펴 낸 날	2025년 09월 19일
2쇄 펴낸날	2025년 11월 18일

지 은 이	하성찬
펴 낸 이	이기성
기획편집	권희연, 서해주, 최인용
표지디자인	권희연
책임마케팅	이수영, 김정훈
펴 낸 곳	도서출판 생각나눔
출판등록	제 2018-000288호
주 소	경기도 고양시 덕양구 청초로 66, 덕은리버워크 B동 1708, 1709호
전 화	02-325-5100
팩 스	02-325-5101
이 메 일	bookmain@think-book.com

- 책값은 표지 뒷면에 표기되어 있습니다.
  ISBN   979-11-7048-912-2 (04900)
  ISBN   979-11-7048-910-8 (세트)

Copyright ⓒ 2025 by 하성찬 All rights reserved.
· 이 책은 저작권법에 따라 보호받는 저작물이므로 무단전재와 복제를 금지합니다.
· 잘못된 책은 구입하신 곳에서 바꾸어 드립니다.

경주 이야기

제2권 낭산·선도산·소금강산 편

하성찬 지음

생각나눔

책 머리에

　낭산과 선도산, 그리고 소금강산으로 알려져 있는 금강산은 옛 신라의 신비한 많은 이야기를 지니고 있다.

　낭산은 비록 그 규모는 작으나 삼국통일의 기반을 마련한 선덕여왕릉, 삼국통일을 완성한 문무왕과 관련된 유적을 비롯하여 지금은 흔적만 남은 많은 옛 사찰 터가 여기저기 흩어져 있고, 또 백결 선생을 비롯한 많은 신라 사람들의 이야기를 전하고 있다.
　선도산은 박혁거세 왕비인 알령 부인에 대한 전설이 전해지고 있는가 하면, 태종무열왕을 비롯한 많은 왕들이 영면에 든 산이다.
　현재 소금강산으로 알려진 금강산은 높이 177m로, 경주 지역에서 널리 알려진 산 중에는 낭산을 제외하고는 가장 낮은 산이지만, 순교한 이차돈의 머리가 날아간 산으로 불교의 시원이 되는 산이다.
　이 세 곳에 숨어있는 옛 신라 사람들의 주옥같은 이야기를 찾아내려면 그냥 눈을 부릅뜬다고 보이지 않는다.

　세상을 바라보면 다섯 가지의 눈이 있다. 육안(肉眼), 천안(天眼), 혜안(慧眼), 법안(法眼), 불안(佛眼)이 그것이다. 육안은 가시적인 현상만을 볼 수 있는 범부의 눈을 이르는 것이다. 천안은 인연·인과의 원리에 의해서 이루어진 가상적이고 현상적인 차별적인 것만을 볼 뿐, 그 실상은 보지 못하는 것을 말한다. 혜안은 모든 집착과 차별을 떠나 진리를 밝히는 눈으로, 성문과 연각의 눈이라고 한다. 모든 현상이 공상(空相)임을 알고 일체 세간은 정하는 법이 없어 열반만이 상주불변이라는 통찰의 눈을 말한다. 법안은 현상의 모든 이사(理事)를 분명히 비추어 아는 지혜로 보살이 일체중생을 제도하기 위해 일체 법문을 비추어 보는 눈으로, 모든 중생을 깨달음의 세계에 이르게 하는 것이다. 불안은 깨달음의 눈으로 다 보고, 다 아는 것을 말한다.

이곳 낭산, 선도산, 금강산의 문화재는 육안으로만 보아서는 안 된다. 불안과 법안의 경지까지는 이르지 못한다 하더라도 적어도 천안과 혜안 정도는 갖추어야 할 것이다.

2025년 7월

우거에서 정헌 한상찬

목차

책 머리에 · · · · · · · · · · · · · · · · · · 5

제1부 낭산(狼山)은 신들의 놀이터였다 · · · · · · · · · 13

낭산에는 많은 신라의 예술인이 살고 있었다　19	-도리천 소나무 숲속에 아늑하게 자리 잡은 선덕여왕릉　54
사천왕사는 전불칠처가람지이자 성전사원이었다　25	능지탑(陵只塔)이 문무왕의 화장터일까?　57
-명랑 법사가 문두루비법으로 당나라 대군을 물리치다　28	-능지탑은 능시탑 또는 연화탑이라고도 한다　60
-발굴 결과 사천왕사의 감추어진 모습이 드러나다　33	-문무왕은 진실로 백성을 사랑한 왕이었다　63
-사천왕사지에는 당간지주, 귀부, 석교도 있다　38	중생사는 삼보사찰 이상의 의미가 있다　67
-사천왕사 출토 녹유전은 사천왕인가? 팔부신중인가?　42	-현중생사 부근에서 2구의 관음보살입상이 발견되었다　67
도리천에 잠든 선덕여왕을 찾아서　45	-중생사? 현중생사?　72
-선덕여왕은 덕만우바이이고 선덕바라문이었다　45	-경내에는 마애삼존불상을 비롯한 다수의 유물들이 있다　79
-선덕여왕은 미래를 통찰하는 눈을 가진 군주였다　48	-세 번에 걸쳐 기이한 행적을 보인 중생사의 관음보살　82

황복사지에는 삼층석탑만이 홀로 우뚝하다	86
－의상 스님이 황복사에서 출가하였다	86
－구황리 삼층석탑에서 황복사지 삼층석탑으로	92
－삼층석탑 안에서 순금 불상이 출토되다	96
낭산 아래에 미완성 왕릉이 있다?	102
망덕사에 3편의 이야기가 전해오고 있다	108
－목탑지 심초석 사리공에는 푸른 하늘이 담겨 있다	111
－망덕사를 지어 당나라 사신을 속이다	114
－효소왕이 망덕사에 온 진신석가를 몰라보다	117
－망덕사 선율 스님이 환생하여 불경을 완성하다	120

제2부 선도를 따 먹으면 18만년을 산다는데… · · · · · · · · · · · · · 127

선도산 보희의 오줌 꿈을 문희가 사다	136
선도산에 성혈바위와 주상절리가 있다	143
신라의 다윗이 선도산성을 지키고 있었을까?	146
선도산에 선도신모를 모신 사당이 있다	151
－선도신모와 관련한 다섯 편의 이야기가 있다	153
－선도성모가 박혁거세 왕의 어머니이다?	157
선도산에 아미타여래가 나투시다	160
신라왕릉 중 피장자가 가장 확실한 태종무열왕릉	166
－김춘추, 그는 누구인가?	168
－태종무열왕릉은 진짜이다	172
－능비는 통일 초기 사실주의 양식의 대표작이다.	178
－외세를 끌어들여 통일하였기 만주 땅을 잃어버렸다?	186
서악동 고분군은 누구의 무덤일까?	190

-피장자가 확인되지 않고 있는
서악동 4기의 고분　　　　　193

-4기의 고분 피장자에 대해
여러 의견이 있다　　　　　196

부왕 가까이 김인문 잠들다　　200

-김인문은 신라의 왕이 될 뻔했다 203

-비를 세웠던 귀부가 남아 있는
김인문 묘　　　　　　　　206

킹 메이커(king maker) 김양,
서악에 잠들다　　　　　　　212

모전석탑 계열의 서악동 삼층석탑 218

김유신·설총·최치원을

배향하고 있는 서악서원　　　222

-사액 서원으로 서원 철폐령에도
폐쇄되지 않았다　　　　　225

-서악서원에는 옛 선인들의
숨결이 남아 있다　　　　　228

불교를 공인한 법흥왕의
능을 찾아서　　　　　　　　232

-법흥왕릉이 맞을까?　　　　234

-소박하지만 기품이 있는
법흥왕릉　　　　　　　　238

효현동석탑은 9세기를 대표하는
신라 석탑이다　　　　　　　241

제3부 경주 소금강산이 진짜 금강산이다 · · · · · · · · 247

신라의 불교는 백률사에서
비롯되었다　　　　　　　　253

-백률송순의 백률사가
자추사였을까?　　　　　　256

-백률사는 신라의
명찰(名刹)이었다.　　　　　259

-박물관의 금동약사여래입상은
백률사에 있었다　　　　　263

-특이한 형태의 이차돈
순교비(異次頓殉教碑)　　　266

-백률사에
마애탑(磨崖塔)이 있다　　　269

-백률사 관음보살이 부례랑을
구출하다　　　　　　　　272

땅속 염불 소리로 찾아낸
사면석불　　　　　　　　　276

-사면석불은 간절한 여인의
소망을 들어줄까?　　　　　278

-경덕왕이 찾아낸 굴불사
사면석불　　　　　　　　281

- 사면에 조각된 불상들 284
- 사면석불 주변을 발굴하다 288

금강산 정상 부근에 있는
마애삼존불좌상 290

- 세월의 풍상에 지쳐가는
  마애삼존불좌상 295
- 마애삼존불 주변에
  사찰이 있었다? 297

경주 이씨의 시조인 알평 공의
탄강지 표암 298

- 신라 왕족과 6부 촌장의
  탄강지인 경주 301
- 알평 공이 하늘에서 표암으로
  내려오다. 304
- 향사를 지내는 표암재와
  신위를 모시는 악강묘 307
- 알평 공이 하늘에서 내려온
  광림대(光臨臺) 309
- 표암에 당번 등이 새겨진
  선각화가 발견되다 310

탈해왕릉과 숭신전 313

- 탈해는 어떻게 해서 서라벌에
  오게 되었을까? 316
- 탈해는 왕이 될 자질을 갖춘
  지혜로운 사람이었다 319
- 탈해왕릉은 진짜가 아니다? 322

탈해왕의 제전인 숭신전 325

마애지장보살상이 있는 이곳이
도량사지일까? 328

- 소금강산에
  마애지장보살상이 있다 330
- 사복을 위해 지었다는 도량사 333

제1부

낭산(狼山)은 신들의 놀이터였다

낭산은 신선들이 내려와서 노니는 곳이라고 했다.

중국 동진의 갈홍이 지은
『포박자(抱朴子)』라는 도교 서적이 있다.
이 책에 의하면 사람이 죽으면
신비롭게 종적을 감추어
시신을 찾을 수 없는 시해선(尸解仙),
낮에 승천하여 천지의 사이를 자유자재로 비상하면서
천상계(天上界)에 살고 있는 천선(天仙)
수행을 쌓아서 단약(丹藥)을 복용하면
될 수 있는 지선(地仙) 등
세 부류의 신선이 있다.

신선은 인간계에도 자유로이 출현하여
인간과도 교섭을 가지며
수행자에게 경문류(經文類)나 비전(秘傳)을 주기도 한다.

당시 신라 사람들은 이곳 낭산의 신선으로부터
무엇을 받았을까?
혹 삼한일통의 비법을 전수받지는 않았을까?
이제 낭산을 구석구석 누비며
그 흔적을 찾아보기로 하자.

❋ 필자가 어린 시절에는 저녁밥을 먹고 난 후 이웃끼리 모여 호롱불 아래에서 이야기꽃을 피우곤 했다. 주로 이야기 소재는 귀신이 아니면 도깨비였다. 어린 나는 숙제도 잊고 그 이야기 속으로 빠져들곤 했었다.

"동천에 있는 사람이 숲머리에 갔다가 북천 거랑을 건너 늘 다니던 그 길을 따라 집으로 돌아오는데 글쎄 아무리 가도 마실이 보이지 않는 거야. 갑자기 머리털이 곤두서며 덜컥 겁이 나더군. 몇 번이나 엎어지고 자빠지다 보니 어서 집에 가야 하겠다는 생각뿐이었어. 닭 울음소리에 정신을 차리니 애기청소지 뭐야. 자칫 물귀신이 될 뻔했지."

"소복을 입은 사람이 앞서 가면서 따라오라고 하데. 물을 건너야 하니 바지를 걷으라고 하더군. 바지를 걷어 올리고 따라가니 가시밭이야. 다시 한참을 가다가 이번에는 가시밭이니 아랫도리를 단속하고 따라오라기에 갔더니만 물이 허리까지 차오르더군. 계속 소복을 입은 그 사람을 따라가는데 동녘이 뿌옇게 밝아오는 거야. 정신을 차리고 보니 공동묘지였어."

"……."

옛사람들은 온통 신과 함께 생활하였다.

집 안에 모신 신만 하더라도 운수를 관장하는 성주신(城主神)을 비롯하여 아기를 점지해 주는 삼신(三神) 또는 산신(産神), 부엌과 불을 관장하는 조왕신(竈王神), 집터를 지켜주는 터주신, 집안의 재복을 담당하는 업신(業神), 대문을 담당하는 문간신(門間神), 심지어 화장실에도 측간신 또는 정낭각시라는 귀신이 있었다.

집 밖을 나서면 마을을 지켜주는 신으로 당신(堂神)·장승·솟대 등이 있었다.

나라에서도 종묘(宗廟)와 사직단(社稷壇)을 두고 나라의 신과 곡식의 신을 모셨다.

이곳 낭산에는 신들이 노닐던 신유림(神遊林)이었다.
『삼국사기』「신라본기」에 의하면 제18대 실성니사금 12년(413) 8월에 이런 기록이 있다.

"구름이 낭산에서 일어 멀리서 보면 누각같이 생겼고 향기를 자욱하게 품어 오랫동안 없어지지 않았다. 임금이 말하기를 '이는 필시 신선들이 내려와서 노니는 곳이니 반드시 복 받을 땅이로다.' 이후로는 이 산에서 나무 베는 것을 금지하였다."

흔히 '낭산'이라고 하면 '남산'의 잘못으로 알고 있는 사람들이 있는데, '낭산'과 '남산'은 전혀 다른 산이다. 남산은 서라벌의 남쪽에 있는 금오산이고 낭산은 월성과 가까운 곳으로 보문동, 구황동, 배반동 사이에 있다.

통일 이전 서라벌에 5개의 산이 있었는데, 동에는 토함산(동악), 서에는 선도산(서악), 남에는 금오산(남악), 북에는 금강산(북악)이다. 이 네 개의 산이 서라벌을 에워싸고 그 가운데에 낭산이 있다. 낭산은 신라시대에는 3사(三祀) 가운데 대사(大祀)를 받들던 중악(中嶽)으로 서라벌의 진산(鎭山)이었다.

이리가 엎드린 모습과 같다고 하여 낭산이라고 하는데, 멀리서 보면 누에고치를 길게 잘라 엎어놓은 것 같다(좌). 현재의 강선마을은 신선이 살고 있었다는 전설과는 어울리지 않는 모습이다(우).

낭산은 이리가 엎드려 있는 모양과 비슷하다고 해서 이리 랑(狼) 자, 뫼 산(山) 자를 써서 '낭산(狼山)'이라 한다.

가운데가 잘록한 누에고치를 길게 잘라 엎어 놓은 모양으로 높이가 해발 115m, 102m, 100m의 3개 봉우리를 중심으로 긴 능선이 남북으로 이어진 야산이다. 능선이 부드러워 정겨움이 가는 부담 없는 산이기도 하다.

이 낭산은 선덕여왕릉을 비롯하여 문무왕의 화장터로 추정되는 능지탑, 사천왕사지, 중생사지, 황복사지, 낭산마애보살삼존좌상, 최치원 선생이 공부했다는 독서당 등 여러 문화유산이 널려있는 산이다.

낭산 주위의 햇볕 따스한 곳을 골라 마을이 생겨났는데, 산 서쪽에는 배반마을, 그리고 산 동쪽에는 신선이 내려왔다는 강선(降仙)마을, 황복사가 있었다는 곳에 황복마을이 있어 사람들이 옹기종기 모여 살고 있다.

경덕왕 때에 「도솔가(兜率歌)」·「산화가(散花歌)」·「제망매가(祭亡妹歌)」 등의 향가를 지었고 피리를 잘 불어 달조차 가기를 멈출 정도였다고 전하는 월명(月明) 스님이 있었는데 당시 사람들은 그가 살던 사천왕사 앞 동네를 월명리(月明里)라 불렀다.

이곳 낭산 기슭 어딘가는 그 옛날 백결 선생도 살았다고 하는데···.

많은 이야기와 많은 문화유산을 간직한 이 낭산은 사적으로 지정 보호되고 있다.

낭산에는 많은 신라의 예술인이 살고 있었다

❋ 신라 경덕왕 때 스님인 월명사(月明師)는 화랑 낭도이기도 하였다. 주옥같은 향가를 남기고 피리[笛]를 잘 불어 신통한 경지에 이르렀다고 한다. 주로 사천왕사에서 지내면서 달밤에 피리를 불면서 대문 앞 큰길을 지나는데, 달이 그 소리에 감복하여 운행을 멈추었다고 한다.

『삼국유사』「감통」편에 의하면 경덕왕 때 두 해가 나타나 열흘 동안 사라지지 않았다. 이에 왕은 조원전에 정결한 단을 만들고 인연 있는 스님을 기다렸다. 그때 월명 스님이 밭둑을 걷고 있었는데 왕이 이를 보고 불러와 단을 열고 계(啓)를 짓게 하였다.

"소승은 국선의 무리에 속해 있고, 알고 있는 것은 향가뿐 성범(聲梵)*에 대해서는 익숙하지 못하옵니다."

그래도 왕이 권하자 도솔가를 지어 올렸다.

이후 해의 변괴가 사라졌다.

---

* 부처나 보살의 음성이나 경전을 읽는 소리 또는 범패(梵唄)를 의미한다.

월명 스님은 일찍이 죽은 누이를 위하여 향가를 지어 제를 올렸더니 회오리바람이 일어 종이돈이 서쪽으로 사라져 버렸다.

이 향가가 바로 제망매가(祭亡妹歌)이다.

생사로(生死路)는
예 이샤매 저히고
나는 가ᄂ다 말ㅅ도
몯다 닏고 가ᄂ닛고
어느 ᄀᅀᆞᆯ 이른 ᄇᆞᄅ매
이에저에 ᄠᅥ 딜 닙다이.
ᄒᆞᄂ 갖애 나고
가논 곧 모ᄃᆞ온뎌
아으 미타찰애 맛보올 내
도(道)닷가 기다르고다.

필자가 대학재학 시절 이 향가를 양주동 선생이 풀이한 내용으로 공부하였다.

이를 다시 오늘날의 형식으로 고쳐보면 대개 이런 내용이다.

"사람이 나고 죽는 길은 여기 있으니 두렵구나.
나는 간다는 말도 못다 하고 갔느냐?
어느 가을 이른 바람에 여기저기 떨어지는 낙엽처럼,
한 가지에 피어났지만, 가는 곳을 모르는구나.

아아, 극락세계에서 만날 것이니
나는 불도(佛道)를 닦아 기다리겠노라."

55여 년 전 필자에게 누나가 있었다. 가난한 집안 살림을 도우랴, 동생들을 돌보랴 무척 애를 쓰던 참 고마운 누나였다. 어느 해 초겨울 이맘때였다. 아마 독감을 앓았던 것 같다. 변변히 약 한 첩 써보지 못하고 첫눈이 내리는 날 그만 우리 가족 곁을 떠났다.

사천왕사지에서 통일전으로 향하는 이 길이 달밤에 월명 스님이
피리를 불면서 다니던 길이 아니었을까?(좌) 사천왕사지에서 발굴된
양지 스님의 작품으로 추정되는 녹유신장상(우)

스님의 이 제망매가를 공부하면서 누님의 극락왕생을 기원하던 것이 어제 일인 듯하다.

또 『삼국사기』 「열전」에는 이곳 낭산에 살던 백결 선생(百結先生)의 이야기를 전하고 있다.

백결 선생은 아주 가난하여 의복을 백 군데나 기워 입었기에 당시 사람들이 백결 선생이라고 불렀다.

그는 일찍이 즐겁고 성나고 슬프고 불만이 있으면 모두 거문고로써

제1부 낭산(狼山)은 신들의 놀이터였다 ···· 21

풀었다. 한 해가 저물어 갈 무렵 이웃에서 곡식을 찧으면 그의 아내가 방아 소리를 듣고 이렇게 불평을 했다.

"남들은 모두 찧을 곡식이 있는데 우리만 곡식이 없으니 어떻게 설을 쇠리오?"

백결 선생이 하늘을 우러러 한탄하면서 이렇게 말했다.

"무릇 죽고 사는 것에는 운명이 있고, 부귀는 하늘에 달려 있어, 그것이 와도 막을 수 없고 그것이 가도 좇을 수 없는 법이거늘, 그대는 어찌하여 마음 아파하는가? 내가 그대를 위하여 방아 소리를 내어 위로하겠소."

백결 선생은 곧 거문고를 타서 방아 찧는 소리를 내었다.

『삼국유사』「탑상」편에 의하면 이곳 사천왕사의 신장상을 양지 스님이 만들었다고 한다. 또, 영묘사의 장육삼존상과 천왕상을 비롯하여 전탑의 기와와 법림사의 주불삼존과 좌우 금강신 등을 조성하였다. 그 외에도 영묘사와 법림사의 현판도 양지 스님이 썼다고 한다. 조각, 서예에 두루 능통하셨던 것이다.

또, 낭산 서쪽 기슭에는 신라 하대의 학자이자 문장가인 고운(孤雲) 최치원(崔致遠) 선생이 학문을 닦던 곳으로 전해지고 있는 독서당이 있다.

향가를 잘하는 월명 스님, 거문고의 명인 백결 선생, 신의 경지에 이른 조각가 양지 스님, 뛰어난 문장가 최치원 등 신라를 대표하는 예술인들이 이곳 낭산 신유림에서 신선과 같은 삶을 살고 있었던 것이다.

생거진천 사거용인(生居鎭川 死居龍仁)이라고 한다.

'살아서는 진천이 좋고,
죽어서는 용인이 좋다.'는 것이다.

충북 진천은 물이 좋아 살기 좋고,
경기 용인은 명당으로 죽어서 묻힐 곳이라는 것이다.

그런데 이곳 경주에는
살아서도 죽어서도 명당이라 할만한 땅이 있다.
바로 낭산이다.

선덕여왕이 사후에 도리천에 묻어달라고 했는데
그 도리천이 이곳 낭산 위였다.
선덕여왕의 능을 이곳 낭산에 모신 이후
진덕여왕, 태종무열왕, 문무왕을 거치면서
국력을 길러 신라가 삼국을 통일하게 되었으니
사후 명당인 셈이다.

그리고 낭산에는
향가로 유명한 월명 스님,
거문고의 명인 백결 선생,
신의 경지에 이른 조각가 양지 스님,
최고의 문장가 최치원 등

신라를 대표하는 문인과 예술인들이
이곳 낭산 신유림에서 살았으니
산 사람에게도 명당이었다.

따라서 진천과 용인을 모두 갖춘 명당을
이곳 낭산이라고 해야 하지 않을까?

그래서 당시 신라 사람들에게는
'생거진천 사거용인'이 아닌
'생거낭산(生居狼山) 사거낭산(死居狼山)'이었다.

사천왕사는 전불칠처가람지이자 성전사원이었다

전불칠처가람지(前佛七處伽藍地)는
현세에 나타난 석가모니에 앞서
성도(成道)한 부처가 있던 시대에 이루어졌다는
7곳의 절터를 말한다.

신라에 불교가 공인되기 전에
아도(阿道)가 이미 경주의 7곳에 사원을 세웠고,
인연을 만나지 못해 흥하지 못하다가
법흥왕대에 이르러 불법이 다시 흥하게 되었으며,
그 7곳에 사원을 두게 되었다고 한다.

그런데 아도의 칠처가람은
전불시대(前佛時代)에 가람이 있던 곳이라고 하여,
그 인연으로 그곳에 각각 사원을 두었다고 한다.

이들 칠처가람에 관하여

『삼국유사』「흥법」 '아도기라(阿道基羅)' 조에는
'아도본비(我道本碑)'를 인용하여 기록한
전승을 정리하면 다음과 같다.

부처님이 이 세상에 오기 전
7곳에는 사원이 있어 과거의 부처가 이곳에서 설법하였다.
현세에 와서 아도는 어머니에 의해
이곳이 전불시대의 가람터임을 알고
그곳에 사원을 세웠으나
때를 만나지 못하여 불법은 흥하지 못했다.

천경림(天鏡林)에는 지금의 흥륜사(興輪寺),
삼천기(三川岐)에는 지금의 영흥사(永興寺),
용궁남(龍宮南)에는 지금의 황룡사(黃龍寺),
용궁북(龍宮北)에는 지금의 분황사(芬皇寺),
사천미(沙川尾)에는 지금의 영묘사(靈妙寺),
신유림(神遊林)에는 지금의 천왕사(天王寺),
서청전(婿請田)에는 지금의 담엄사(曇嚴寺)가 있었다.

이 '아도본비'에서 칠처가람을 열거한 순서는
창건된 시기의 순서에 따른 것이다.
흥륜사는 법흥왕 14년(527),
영흥사는 법흥왕 14년(527),
황룡사는 진흥왕 14년(553),

분황사는 선덕왕 3년(634),

영묘사는 선덕왕 4년(635),

천왕사는 문무왕 19년(679),

담엄사는 자세히 알 수 없다.

이곳 사천왕사는 전불칠처가람 중
5번째 창건된 사찰이다.

성전사원(成典寺院)이란
국가에서 불교계 통제와 관리를 위해
설치한 일종의 관사(官寺)였다.
이들 성전사원은 일반 사찰과 달리
왕실과 밀접한 관련을 맺고,
불교계 통제와 관련하여 중요한 기능을 수행하였다.
왕실의 원찰로서 봉사(奉祠) 기능도 담당했다.

성전사원으로는 이곳 사천왕사를 비롯하여
봉성사, 감은사, 봉덕사, 봉은사,
영묘사, 영흥사 등 7개 사찰이 있었다.

• 명랑 법사가 문두루비법으로 당나라 대군을 물리치다

옛 인도에는 네 계급이 있었다. 사제 계급인 브라만은 신의 입에서, 왕족인 크샤트리아는 신의 옆구리에서, 평민인 바이샤는 신의 배에서, 노예 계급인 수드라는 신의 발바닥에서 태어났다고 한다.

문화유산과 관련된 글을 쓰려면 노예인 수드라 계급을 감수해야 한다. 책장을 뒤지고만 있어서는 제대로 된 글을 쓸 수 없다. 현장을 찾아 이리저리 거닐어 보아야 한다.

오늘따라 바람이 거세게 불어 흙먼지로 눈을 제대로 뜰 수가 없다. 아예 눈을 꼭 감고 문두루비법(文豆婁秘法)을 행하던 당시로 돌아가 본다.

문두루비법은 명랑 법사(明朗法師)가 중국에서 밀교를 배운 후 635년(선덕여왕 4) 귀국할 때 처음으로 이를 신라로 가져왔다. 이 비법은 『불설관정복마봉인대신주경(佛說灌頂伏魔封印大神呪經)』에 의한 것이다. 이 경에 의하여 불단을 설치하고 다라니 등을 독송하면 국가적인 재난을 물리치고 국가를 수호하며 사회를 편안하게 할 수 있다고 한다.

『삼국유사』「신주」편 '혜통항룡' 조에 의하면 명랑이 용궁에 들어가서 신인(神印)을 얻어 와서 사천왕사를 처음 세우고, 여러 번 이웃 나라가 침입해 온 것을 기도로 물리쳤다. 이 신인을 산스크리트어로는 '무드라(Mudra, 文豆婁)'라고 한다.

『삼국유사』「의해」편 '의상전교' 조에 의하면 신라의 승상 김흠순*(혹

---

* 김흠순은 김유신(金庾信)의 아우이며, 그의 아들은 나당 연합군이 백제를 정벌할 때 장렬히 전사한 화랑 반굴(盤屈)이다.

은 김인문이라고도 한다)과 김양도 등이 당에 갇혀 있었는데, 674년(문무왕 14)에 당 고종이 50만 대군으로 신라를 공격하려 한다는 사실을 알게 되었다. 흠순 등은 몰래 의상에게 권하여 먼저 신라로 돌아가게 하여 이 일을 조정에 알리게 하였다. 이에 문무왕이 명랑법사를 불러 대책을 의논했다. 법사는 신유림에 사천왕사를 짓고 밀교의 문두루비법을 쓰도록 권유하였다. 그런데 당나라의 침입이 워낙 급박하여 절을 지을 시간이 없었다. 임시로 색이 있는 비단으로 절을 짓고 풀을 묶어 오방신상(五方神像)을 만든 후 12명의 유가승(瑜伽僧)으로 하여금 문두루비법을 쓰도록 하였다. 그러자 전투가 시작되기도 전에 풍랑이 크게 일어 당나라 군대의 배가 모두 침몰하였다.

이렇게 해서 신라는 피 한 방울 흘리지 않고 당나라 대군을 물리치고 삼한일통을 완성했던 것이다.

당시 신라 사람들은 위기를 넘긴 후 정식으로 사천왕사를 짓기 시작하여 5년 만에 완공하고, 왕실에서 성전(成典)을 두어 관리하였다.

성전이란 일반 사찰과 달리 왕실의 원찰(願刹)로서 봉사(奉祠) 기능도 담당했던 것으로 알려져 있다. 이와 같은 성전사원으로는 이곳 사천왕사를 비롯하여 7개의 사찰이 있었다.

문명대 교수는 이 문두루비법의 실행을 '밀교식 대호국법회'라고 표현하면서 "명랑 법사는 이 법회를 주관했던 법주였으므로 당연히 사천왕사의 창건주가 되었으며, 이와 동시에 그 공로를 인정받아 신인종이라는 종파를 정식으로 공인받았다고 생각된다."라고 했다.

이후 사천왕사와 관련하여 『삼국유사』에는 10세기 초 경명왕 대에 신라가 혼란해지자 사천왕사 벽화의 개가 나와 짖거나 탑의 그림자가 거꾸로 선 채 움직이지 않았다는 기록이 있다. 이는 신라의 국운이 멸망에 들어서고 있음을 예고한 것이었다.

『고려사』「세가」에 의하면 고려 문종 28년(1074) 7월에 사천왕사에서 27일 동안 문두루도량을 열었다.

『신증동국여지승람』에는 조선의 개국공신인 하륜이 경오년(고려 공양왕 2년, 1390) 봄 울주(蔚州)로 가면서 이곳 천왕사(天王寺)에서 유숙하였다는 기록이 있다. 이후에는 김시습의 시 '유금오록(遊金鰲錄)'을 통해 15세기 후반 민가로 변해버렸음을 알 수 있다. 이로 미루어 사천왕사는 15세기 초반에 폐사가 된 것으로 추정된다.

일제강점기인 1920년대 초에 한 일본인이 거의 도굴하다시피 서탑 터를 발굴해서는 사천왕 부조상 등의 유물을 찾아내어 이를 팔아버렸다는 기록이 있다. 이와 같은 사실이 알려졌음에도 조선총독부는 실측 외의 발굴조사에는 무심했다. 이에 더하여 1930년대에 사찰의 강당 터 위로 동해남부선 철도를 부설하였다. 현재 이 구간은 경주시를 크게 우회하는 방향으로 선로를 이설하였는데, 2018년 12월 개통 예정이었으나 다소 늦춰질 것으로 알려졌다.

하버드대 경영학 교수이자 베스트셀러 작가인
쑤린은 『유대인 생각 공부』에서
유대인의 성공 비결을 독특한 마인드,
즉 '생각 차이'에서 찾는다.

한마디로 유대인의 사고방식은 우리와 다르다는 것.
그중에서도 지혜를 '부'와 연결시키는
천부적인 능력, 생각을 행동으로 옮기는
적극적 성향이 유대인을 특별하게 만든
원동력이었다고 말한다.

그는 또 유대인을 상어에 비유하면서
상어가 바다의 절대 제왕이 된 이유를
이렇게 설명하고 있다.

상어는 물고기 중 유일하게 부레가 없다.
부레 없는 물고기는 물속에서 생존이 불가능하다.
행동이 매우 불편하고,
조금만 바닷속에 머물러 있어도
바닥으로 가라앉아 죽고 만다.
상어는 태어난 순간부터 죽을 때까지
끊임없이 몸을 움직여야 했다.
힘겨운 노력이 쌓여
상어는 바다의 절대 제왕으로 거듭났다.

신라가 삼국을 통일하고

오랜 기간 찬란한 문화를 꽃피운 데는

통일에 안주하지 않고

항상 자신이 상어임을 잊지 않았기 때문이었을 것이다.

• 발굴 결과 사천왕사의 감추어진 모습이 드러나다

　사적으로 지정된 사천왕사는 통일신라 초기 문무왕 19년(679)에 창건된 사찰로서 신문왕 2년(682)에 창건된 감은사와 함께 당시의 건축과 미술은 물론이고, 불교문화를 이해하는 데 있어서 중요한 위치를 차지하고 있다.

　사천왕사지는 오랜 기간 잡초로 덮여 있었는데 현재는 여기저기 발굴조사로 맨땅이 드러나 있다. 절터 남쪽 입구에는 2.4m 높이의 당간지주가 있고 그 앞 남동쪽에 비신과 머리가 잘린 귀부 2기가 드러나 있었다.
　1906년부터 1984년까지 11차례에 걸쳐 이 절터에 대한 조사 및 단편적인 발굴이 있었고, 2006년부터 2012년까지 7년간 국립경주 문화유산연구소에서 본격적인 발굴조사를 하였다.
　지금까지 발굴조사 결과 사찰의 규모는 남북의 길이가 105m, 동서로는 73m임이 확인되었다.
　서천왕사지 중앙에 위치한 금당지는 정면 5칸, 측면 3칸인데, 기단은 지대석, 면석, 갑석을 갖춘 가구식 기단이다. 상층기단의 지대석 외곽으로 원형의 하층기단 초석을 배치하였으며, 그 주위에 문양전을 깔고 장대석을 둘렀다. 금당으로 오르는 계단은 전면 2개소, 후면 2개소, 좌우 1개소씩 배치되어 있다. 전면계단은 좌우 양 끝에 있고, 후면계단은 그보다 1칸씩 안쪽에 배치되어 있어 비대칭을 이룬다. 금당의 중심부에는 방형(方形)의 대석이 있는데, 그 양옆으로 원형대석(圓形臺石)과 이형대석(異形臺石)이 놓여 있다. 방형대석은 본존불의 지대석(地臺石), 양쪽의 것은 협시불의 지대석으로 추정된다. 지대석 전방 좌우에는 지름 20cm 내외의 기둥 구멍이 있는 초석이 확인되었다.

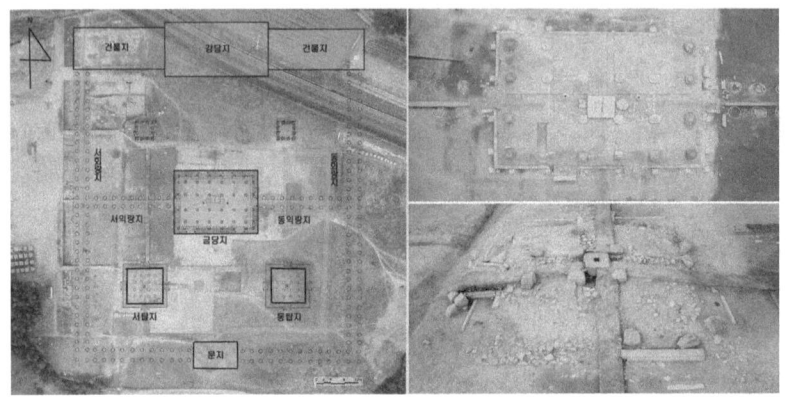

발굴조사 결과 밝혀진 사천왕사지의 가람배치(좌), 발굴당시의 금당지(우 상)와 서탑지(우 하)

금당지 앞에는 사방 3칸의 동탑과 서탑이 있었던 것으로 확인되었다. 이 탑은 신라 목탑으로는 최초의 쌍탑이다. 발굴 결과 목탑의 기단 벽면을 장식했던 소조 신장 전돌이 발견되었다. 표면에 녹색의 안료가 입혀져 있었다는 의미에서 '녹유신장벽전'이라고 한다. 이 벽전은 목탑 기단부 네 면 가운데에 만들어진 계단을 중심으로 양쪽에 3매씩 한 면에 6매로 총 24매, 동서 양탑인 관계로 모두 48매가 있었을 것으로 추정된다. 발굴 과정에서 모두 벽에 부착되어 있는 것을 확인하였다. 이곳에서 출토된 이 녹유전 일부를 복원하여 국립경주박물관에서 특별전을 한 적이 있다.

금당지 북쪽에는 동쪽, 서쪽에 사방 3칸의 작은 방형의 건물지가 있다. 초석 중앙부에 지름 22cm, 깊이 23cm인 원공이 있고 이 주변에는 약 55cm 크기의 방형을 이중으로 모각하였다. 처음에는 이 건물지를 불경을 보관하던 좌경루(左經樓)와 우경루(右經樓)로 보았으나, 이후 일부에서는 단석지라 하여 불교의식 공간이라 추정하기도 한다.

그 뒤쪽에는 강당지와 건물지가 있고 좌우에는 회랑지가 있다. 강당지 일부분은 동해남부선 철로로 훼손된 상태이다. 앞으로 철로가 이설된 후 발굴조사를 하게 되면 강당 부분도 전모가 밝혀질 것이다.

돌보는 이 없어 폐허로 남은 사지에는 북서풍이 모질게 불어 흙먼지를 날린다.

나라 밖으로는 북한 핵 문제, 사드 문제로 인한 중국의 횡포가 도를 넘고 있다. 일본과도 사이가 틀어지고 있다. 나라 안에서는 각종 사고가 잇따르고 있다.

사천왕사를 복원하기까지는 요원하니 우선 또다시 채색 비단으로 금당을 짓고 짚으로라도 오방신장을 만들어 고승을 모시고 문두루비법이라도 행해야 할 것 같다.

사천왕사지는 폐사지이다.
말 그대로 과거에 있었으나
지금은 터만 남은 절이다.

누군가는 폐사지를 아무것도 쓰이지 않은
교과서라고 했다.
빈터에 돋아오르는 풀과
그 풀을 스치고 지나가는 바람이 모두 다
경전이라고도 했다.

하지만 이곳 사천왕사지는 이와는 달리
많은 것이 쓰여 있는 교과서이다.
귀를 기울이면 문두루비법의 경전을 외는
명랑 스님의 음성이 들린다.

사천왕사는 신라 사람들에게는 호국의 성지였다.
다시 귀 기울이면
신라군의 함성이 들리고
바다에서 허우적대는 당나라 군사들의 비명도 들린다.

사찰이 가까워졌음을 알리는 당간지주도
일대 발굴을 통하여 제자리를 찾아주는 일부터
먼저 추진하고
전각과 탑의 복원이 어렵다면
AI로 재현해 보면 어떨까?

또 이 자리에 오랜 세월 지키고 있던 문무왕의 비편에
남은 글자와 잃어버린 글자를 맞추다 보면
또 다른 신라의 역사를 만날 수도 있지 않을까?

녹유전이 사천왕인지 팔부신중인지를 밝히고
그 외 유물도 자세히 살피면
옛 신라의 참 얼굴을 되찾을 수도 있지 않을까?

"눈을 감아라, 그러면 너는 볼 것이다."
영국의 소설가 새무엘 버틀러(Samuel Butler)의
이 말이 갑자기 떠오른다.
가만히 눈을 감는다.
옛 사천왕사의 모습이 환하게 그려진다.

- **사천왕사지에는 당간지주, 귀부, 석교도 있다**

사천왕사지에는 현재 당간지주만 홀로 우뚝하다.

사천왕사지 입구에 있는 당간지주는 원래 부근 민가 옆에 있던 것을 1928년 현재의 자리로 옮겨 세웠다. 기단과 간대석은 보이지 않고 지주만 남아 있다. 지주의 높이는 2.3m 정도이며 너비는 50㎝이다. 당간을 고정시키기 위한 간공이 지주 아래위와 중앙의 3곳에 뚫려 있는데, 아래위 구멍은 네모나고 가운데 구멍만 둥글다.

이 당간지주로부터 30m 동편에 석조 귀부가 놓여 있다. 이 귀부 동쪽 약 26m 지점에 또 1기가 있다. 모두 비신과 이수 등이 사라지고 귀부의 머리 부분이 없어진 것도 동일하다.

사천왕사지의 사적비좌로 추정되는 동편 귀부(좌), 문무대왕비의 비좌로 추정되는 서편 귀부(중). 국립경주박물관에 있는 이 귀부 머리는 서편 귀부의 것으로 추정(우).

서쪽 귀부는 남쪽으로 향하고 있는데 크기는 길이 약 210cm, 폭 약 160cm이고, 귀부의 등에는 비좌 주변의 연화문과 육각형의 귀갑문이 정교하며, 당초문을 아름답게 장식하였다. 특히 꼬리 조각 수법이 일품이다.

동쪽 귀부의 방향 역시 서쪽 귀부와 마찬가지로 남향이고 그 크기는 길이 약 210cm, 폭 175cm로서 서쪽 귀부에 비하여 폭이 약간 넓은 편이다.

현재까지의 조사된 바로는 동측 귀부에는 사천왕사 사적비가, 서측 귀부에는 문무대왕릉비가 있었던 것으로 판단하고 있다.

경주부윤을 지낸 홍양호(1724-1802)의 '이계집(耳溪集)'에 682년 경주 사천왕사에 세워졌던 문무왕비의 비편을 정조 20년(1796)에 발견하였다고 기록되어 있다. 이 비편의 탁본 4장(비편 2개의 앞뒤면)이 청나라 금석학자 유희해(1793-1853)에게 전해져, 그가 쓴 '해동금석원(海東金石苑)'에 그 내용이 실려 있다.

이 문무왕비편은 그 후 사라져 종적을 알 수 없게 되었다. 그러다가 1961년에 하단부가 경주시 동부동 경주문화원 인근 민가 정원에서 발견되었고, 2009년에는 상단부가 동부동의 한 주택 수돗가에 박혀 빨래

판으로 이용되고 있는 것을 발견하였다.

다음은 해독이 가능한 부분의 내용 중 일부이다.

"투후(秺侯) 제천지윤(祭天之胤)이 7대를 전하여… 하였다."
"15대조 성한왕(星漢王)은 그 바탕이 하늘에서 내리고, 그 영(靈)이 선악(仙岳)에서 나와…."

한서(漢書)에 의하면 투후 김일제(金日磾)는 흉노족 휴도왕(休屠王)의 태자로 한무제의 포로가 되었다. 이후 한나라에서 공을 세워 투후라는 작위를 받았다. 성한은 투후 김일제의 7대손이다.

일부 학자들은 이 비문 등을 근거*로 성한이 신라 김씨 왕조의 시조이며, 신라 문무왕의 15대조로 추정하고 있다.

이에 『삼국사기』「신라본기」 '미추이사금' 조의 "알지가 세한(勢漢)을 낳고, 세한이 아도를 낳고…"의 세한이 성한이라는 것이다. 세한과 성한은 그 발음이 유사하다. 세한을 『삼국유사』「기이」 편 '김알지 탈해왕대' 조에서는 열한(熱漢)으로 기록되어 있다.

그리고 문무왕비에 기록된 성한왕 설화가 김알지의 설화와 너무나 유사하여 2대손인 김세한이 실제 경주 김씨 왕가의 시조이고, 김알지는 권위를 위해 후대에 추승되었을 것으로 추정하기도 한다.

---

*   이 외에도 흥덕왕릉 비편에 태조 성한의 24대손이라는 기록이 있다. 또 성한왕은 김인문 묘비, 진철대사탑비문(眞澈大師塔碑文), 진공대사탑비문(眞空大師塔碑文)에도 등장한다.

사역(寺域)의 남쪽 귀부 주변에서 작은 석교(石橋)가 발굴되었다. 중문지에서 남쪽으로 40m 지점으로 양편 약 3.6m 거리에 동서 양편 2개소에 각각 만들어져 있다. 폭 60cm, 깊이 50cm 내외의 배수로 위에 약간의 아치형을 이루고 있는 작은 돌다리이다.

석교는 평교[平橋, 일명 보다리, 널다리]의 형식으로 귀틀석, 청판석, 엄지기둥으로 구성되어 있는데, 다리 바닥을 형성하는 청판석은 3개로 구성되어 있다. 가운데 부분은 약간 아치 형태이나, 양단은 편평한 모습으로 소형이다.

폭 60cm 배수로 위에 놓인 작은 돌다리

동쪽 석교 북쪽으로는 약 30여cm 크기의 보상화문전과 무문전이 일부 깔렸음이 확인되어 원래 보도였을 것으로 짐작된다. 이 배수로 위의 작은 돌다리를 건너 중문으로 출입하였을 것이다.

• 사천왕사 출토 녹유전은 사천왕인가? 팔부신중인가?

이곳 사천왕사지에서 출토된 '녹유전'은 양지(良志) 스님이 만든 것으로 추정되는데, 갑옷 차림에 화살·칼 등을 든 수호신의 모습이다. 그러나 이 수호신 조각의 정체를 놓고 학자들 사이에는 견해가 엇갈린다.

문명대 동국대 명예교수를 비롯한 일부 미술사학자는 그것이 사천왕을 표현한 것이 아니라 팔부신중(八部神衆)을 묘사한 것이라고 주장한다. 『삼국유사』 「의해」편 '양지사석' 조에 천왕사 탑 밑의 팔부신장(八部神將)을 양지가 만든 것으로 기록되어 있음을 그 근거로 들고 있다.

사천왕사지 출토 녹유전.

그러나 강우방 일향한국미술사연구원장은 이와는 다른 주장을 하고 있다.

"한국 불교 미술사에서 팔부신중은 9세기가 되어야 나타나며, 아무리 빨라도 8세기 말 이전에는 나올 수 없다. 그리고 사천왕사지 녹유사천왕상은 악귀를 밟고 있다는 점에서도 사천왕상이라는 사실에는 의문의 여지가 없다."

사천왕상은 한국 불교에서는 사찰 경내로 들어서는 입구인 천왕문에서 흔히 목조각이나 소조상 형태로 만날 수 있는데, 이들은 대체로 발밑에 깔려 고통스런 표정을 짓고 있는 악귀(생령)를 밟고 있는 모습으로 사천왕사의 '녹유전'에 나타나는 형태와 유사하다.

　그런데 2006년부터 국립경주 문화유산연구소가 사천왕사 터를 다시 발굴한 결과, 사천왕사지에서 출토된 녹유전은 3종류만 확인이 되어 학계를 당황하게 했다. 이 녹유전은 동·서 목탑터 모두에서 같은 양상으로 출토되었는데, 기단 계단을 중심으로 각 면에 6개씩(3쌍×2조), 모두 24개(4면×6개)가 배치되어 있었다.

　사천왕상은 동서남북 사방을 수호하는 방위신으로 4개의 상이 한 세트를 이뤄야 하는데, 왜 4종류가 아니고 3종류뿐이며 더구나 탑 하나를 장식한 사천왕의 숫자가 무려 24개나 되어야 하는가? 그렇다면 사천왕이 아닌 다른 수호신으로 봐야 하지는 않을까?

　한편, 경주대학교의 임영애* 교수는 또 다른 견해를 밝히고 있다.

　"사천왕도 아니며, 그렇다고 팔부신중도 아닌 신왕(神王)으로 보아야 한다. 먼저 이것이 사천왕이라면 북방을 관장하는 사천왕은 반드시 손에 탑을 들고 있어야 하는데 그런 사례가 발견되지 않았으며, 나아가 활이나 화살을 든 모습을 보고 사천왕상으로 보는 근거로 들기도 하지만, 이런 사천왕상이 등장하는 것은 9세기 이후로, 사천왕사는 그전에 지은 사찰이기 때문에 문제가 있다. 또한 팔부신중이라고 한다면 무엇보다 신장의 수가 8개가 아니라 24점에 달하는 이유가 무엇이며 또한 8종류의

---

*　2025년 현재는 동국대학교 교수로 재직하고 있다.

상 형태가 나타나야 하는데 3종류밖에 나타나지 않는다. 각종 불교경전을 보아도 팔부신중은 8명이라 했지, 그 외 숫자를 거론한 사례는 없다. 따라서 이 녹유전 상은 불법 전반을 수호하는 '신왕'으로 보아야 하며, 이는 불설관정경과 같은 불교 경전에서도 확인할 수 있다."

이에 대하여 강우방은 또 이렇게 주장한다.

"사천왕사의 사천왕상은 불법(佛法)의 수호신인 동시에 삼국을 통일한 통일신라의 수호신이다. 삼국을 통일한 문무왕은 북방에 위치한 흉노족의 후예이기 때문에 굳이 북방을 방위할 필요가 없었다. 그래서 사천왕상 중 북방에 맞서 국토를 수호하는 다문천상은 만들 필요가 없었기 때문에 동·남·서쪽을 수호하는 3종류의 천왕상만 만든 것이다."

과연 사천왕사지의 녹유전은 사천왕일까, 팔부신중일까? 아니면 또 다른 신장상일까?

선불교에서는 '불립문자(不立文字)'라 해서 문자에 의존해서는 진리를 깨칠 수가 없다고 했다.

사천왕, 팔부중, 또 다른 신장상 등에 집착하는 것은 별 의미가 없는 것 같다. 외세를 몰아내고자 한 신라인의 간절한 염원으로 이해하는 것이 무엇보다 중요한 것이 아닐까?

도리천에 잠든 선덕여왕을 찾아서

• **선덕여왕은 덕만우바이이고 선덕바라문이었다**

❋ "지구를 어깨에 짊어지고 있는 것은 아틀라스가 아니고 여자이다. 때에 따라서 여자는 지구를 공처럼 가지고 논다."
폴란드의 작가 헨리크 시엔키에비츠(Henryk Sienkiewicz)가 쓴 소설 『쿼바디스』에서 페트로니우스가 비니키우스에게 한 말이다.

일찍이 신라를 공처럼 가지고 논 여인이 있었다. 우리 역사상 최초의 여왕인 선덕여왕이다.

선덕여왕의 아버지는 진평왕(眞平王)이고, 어머니는 마야부인(摩耶夫人)이다. 진평왕의 휘(諱)는 백정(白淨)인데, 이는 석가모니의 아버지 이름인 정반왕(淨飯王)으로부터 따온 것이고, 마야부인은 석가모니 어머니의 이름과 같다. 그러니 선덕여왕 자신이 바로 석가모니인 셈이다. 선덕여왕의 삼촌은 백반(伯飯)과 국반(國飯)인데, 이는 석가모니의 삼촌과 같은 이름이다.
불교를 처음 받아들인 법흥왕 이후 신라에서는 왕실의 권위를 높이고 왕권 강화를 위해 '진종설' 의식에 사로잡힌다. 진종설이란 '진짜 석가모니 집안'을 의미한다.

왕의 이름도 진흥왕, 진지왕, 진평왕, 진덕왕 등 '진(眞)'이라는 글자가 들어간 것은 진짜 석가모니 가족과 같다는 것이다.

『삼국사기』에는 '선덕'을 시호라고 했지만, 『신당서』 및 『구당서』에는 생존 시의 왕호(王號)라고 했다. 『대방등무상경』에 의하면 '선덕바라문'은 석가모니에 의해 전륜성왕이 되리라는 예언을 받은 것으로 되어 있다.

여왕이 왕위에 오르기 전은 덕만공주였다. 『열반경』에 '덕만우바이'가 있는데, 이 경에 의하면 그는 많은 중생을 구제하기 위해 일부러 여자의 몸으로 태어났다고 하였다.

『삼국사기』에는 진평왕이 아들이 없이 죽자 나라 사람들이 맏딸인 그녀를 왕으로 세우고 '성조황고(聖祖皇姑)'라는 칭호를 바쳤다고 하였다. 하지만 『삼국유사』 「왕력」 편에는 "성골(聖骨) 남자가 다하여 여왕을 세웠다(聖骨男盡故女王立)."라고 기록되어 있다. 진평왕의 동생들인 백반(伯飯)과 국반(國飯)도 이미 죽었고, 진평왕의 가계(家系)에 남자 혈족이 존재하지 않아 선덕여왕이 왕위에 오르게 되었다는 것이다.

『화랑세기』에 의하면 장녀 천명이 아닌 차녀 덕만(선덕여왕)이 왕위에 오른 것은 선덕이 용봉의 자태와 태양의 위용이 있어 진평왕이 천명에게 양보할 것을 권하자 천명이 이에 따랐다고 한다. 왕위에 오를 당시 선덕여왕의 남편은 김용춘이었으나 자식을 잉태하지 못하자 용춘의 형인 용수가 선덕여왕을 모시게 되었다. 자식이 없을 때 세 명의 남편을 두는 삼서의 제도[三壻之制]에 따라 다시 흠반공과 을제공도 여왕의 시중을 들도록 했다.

『삼국유사』「왕력」편에는 왕의 남편이 음갈문왕이다. 이종욱은 음갈문왕을 흠반공으로 추정하고 있다.

그러나 『삼국사기』「신라본기」에는 남편에 대해서는 언급이 없고, 『화랑세기』에서 남편의 한 사람이라고 한 을제공에 대해서 "원년(632) 2월 을제공에게 국정을 맡아 하게 하였다."라는 기록이 있다.

또한 『동경잡기』에서는 선덕여왕의 남편을 갈문왕 김인평(金仁平)이라고 하였다.

선덕여왕은 그 이름과 같이 많은 불사(佛事)를 이루었다.

황룡사구층목탑(643년)을 비롯하여 분황사(634년)와 영묘사(635년) 등을 완성했고, 636년(선덕여왕 5) 병이 들었을 때는 황룡사에서 백고좌를 열어 승려들을 모아 『인왕경』을 강설케 하고 1백 명의 승려에게 도첩을 주었다. 645년(선덕여왕 14)에는 자장 법사의 요청을 받아들여 황룡사 9층탑을 세웠다. 『삼국유사』에는 첨성대가 세워진 것도 선덕여왕 때의 일로 기록되어 있다.

『법화경』에 의하면 "어린아이가 장난으로 모래탑을 쌓더라도 한량없는 복락을 받아 부처가 된다."라고 하였다. 그러나 선덕여왕은 그렇게 많은 불사를 행했음에도 생전에 반란과 외침에 시달렸다. 하지만 그녀의 무덤이 사천왕천의 위에 있으니, 사후에는 도리천에서 편안함을 누리고 있을 것이다.

• 선덕여왕은 미래를 통찰하는 눈을 가진 군주였다

대학재학 시절 교생실습을 할 때였다. 그 학교 교장이 늘 강조하는 것이 있었으니, 교사로서의 안목을 제대로 갖추어야한다는 것이었다.

교사는 무안지사(無眼之師), 구안지사(具眼之師), 달안지사(達眼之師)의 세 부류가 있는데 제대로 자질을 갖춘 달안지사가 되어야 한다고 늘 강조하셨다.

무안지사란 눈이 있으되 제대로 보지 못하는 교사, 구안지사란 겨우 눈에 보이는 업무만 처리하는 수동적인 교사, 달안지사란 학생지도와 교무업무에 통달한 사람을 이른다는 것이었다. 아마 당시 교장선생님은 불경의 일부를 알고 이와 같은 인용을 한 듯하다.

『금강경』에 부처님과 수보리와의 대화에 의하면 세상을 바라보는 다섯 가지의 눈이 있는데, 육안(肉眼), 천안(天眼), 혜안(慧眼), 법안(法眼), 불안(佛眼)이 그것이다.

육안은 가시적인 현상만을 볼 수 있는 범부의 눈을 이르는 것이다.
천안은 인연·인과의 원리에 의한 현상의 차별적인 것만을 볼 뿐, 그 실상은 보지 못하는 눈을 말한다.

혜안은 모든 집착과 차별을 떠나 진리를 밝히는 눈이다.

법안은 현상의 모든 사물과 이치를 아는 지혜로, 모든 중생을 깨달음의 세계에 이르게 하는 눈이다.

불안은 부처가 갖고 있는 눈으로 앞의 네 가지를 다 갖추고 있어 보지 못하는 것이 없고 알지 못하는 일이 없고, 듣지 못하는 일이 없다.

선덕여왕은 미래를 통찰하는 눈, 즉 달안(達眼)을 넘어 불안(佛眼)을 갖춘 왕이었다. 그 증거가 『삼국유사』에 기록되어 있다. 즉, 「기이」편 '선덕왕지기삼사(善德王知幾三事)' 조에 여왕의 총명과 신통을 기린 세 가지 신기한 이야기를 전하고 있다.

첫째는 향기 없는 모란꽃 이야기로, 당나라 태종이 붉은색·자주색·흰색의 세 가지 색으로 그린 모란의 그림과 그 씨 석 되를 함께 보내왔다. 왕은 그 꽃 그림을 보고 꽃에 향기가 없음을 예언하였는데, 이듬해 핀 그 모란은 과연 향기가 없었다는 이야기이다.

둘째는 몰래 침략한 적군을 미리 알아 섬멸한 이야기로, 영묘사 옥문지에는 겨울인데도 많은 개구리가 울었다. 이 사실을 왕에게 알리니 왕은 정병을 여근곡에 보내었다. 군사가 서쪽 교외에 가니 과연 여근곡이 있고 적군 5백여 명이 매복하고 있으므로 이를 섬멸하였다는 것이다.

셋째는 왕이 자신의 죽을 날을 미리 안 이야기로, 생전에 자신이 죽을 날을 예언하며 도리천(忉利天)에 장사 지내 달라고 일렀다. 신하들이 도리천이 어딘가를 물으니 낭산(狼山) 남쪽이라고만 답하였다. 왕이 과연 예언한 날에 세상을 떠나자, 신하들은 낭산 남쪽에 장사를 지냈다. 그로부터 10년 뒤 문무왕이 사천왕사를 무덤 아래 세웠다. 불경에 사천왕천 위에 도리천이 있다 하였으니 그제야 예언이 적중하였음을 알게 되었다.

그 당시 신하들이 이 세 가지 지혜에 대하여 물어보니 왕이 대답하기를, 모란꽃을 그렸으나 나비가 없으니 향기가 없을 것임을 알았고, 개구리의 불거진 눈은 병사의 형상이며 옥문은 여자의 상징으로 음(陰)이며, 그 빛이 희고 또 흰 것은 서쪽을 가리키므로 적군이 서방에 매복하고 있음을 알았다고 하였다.

그런데 첫 번째 '향기 없는 모란꽃' 이야기의 경우 『삼국사기』에서는 선덕여왕이 공주이었을 때의 일이었다고 하였다.

그리고 이 설화는 선덕여왕이 불경이나 주역에 조예가 깊었음을 알려주는 이야기로, 일연스님은 삼색 모란은 신라에 선덕·진덕·진성의 세 여왕이 있을 것임을 당 황제가 미리 헤아려 맞춘 것이라며, 당 황제의 지혜와 선덕여왕의 지혜를 함께 설명하고 있다.

하지만 여성으로 왕이 된 이후 선덕여왕의 앞길이 평탄하지만 않았다. 왕이 된 지 7년에는 고구려로부터 칠중성을 공격당하였으며, 11년에는 백제로부터는 당항성을 침범당하고, 이어 대야성을 빼앗기자 당나라에 도움을 요청하였다. 이에 당 태종으로부터 "여왕이 재위하고 있으므로 이웃나라가 깔보니, 내 종친 한 사람을 보내 국왕을 삼고 군사를 파견하겠다."라는 말까지 들어야 했다.

대구 팔공산 부인사 숭모전에는 선덕여왕의 영정을 모시고 있다. 매년 음력 3월 보름 이곳에서 선덕여왕 재일(齋日) 행사가 열린다.

 재위 마지막 해에는 비담과 염종이 명활성을 그 근거지로 하여 반란을 일으키기도 하였다.

 고대 그리스에서 여자는
 노예 등과 더불어 시민에서 제외되었고,
 로마에서도 여자에게는 참정권이 없었으며
 남자 중심의 가부장제 사회였다.
 중세 가톨릭의 유럽에서도
 여자는 남자의 보호 아래 있었다는 점에서
 그리스, 로마와 다를 바 없었다.
 이슬람 세계의 여인들도 집안에 갇혀 있어야만 했다.
 국가의 통치권을 쥔 여자는 상상할 수도 없었다.
 여인에 대한 생각이 동양에서는

중동 및 서양과는 다소 차이가 있었다.
무측천은 당나라 고종의 황후로
남편의 사후 국호를 바꾼 후
성신황제라 칭했으며 16년간 황제로 군림한다.
중국 역대 황제 중 유일한 여황제였다.

일본의 경우를 살펴보면
중국 위진남북조 시대의 사학자 진수가 쓴
『삼국지』「위지왜인전(魏志倭人傳)」에서
비미호(卑彌呼)가 일본의 고대 국가인
야마타이국을 다스린 여왕이라고 하였다.
『삼국사기』「신라본기」 '아달라이사금' 조에도
왜국 여왕 비미호가 "사신을 보내왔다."는 기록이 있으나,
정작 일본의 문헌에는 일본 여왕과 관련한 기록이 보이지 않는다.

고대 서양사회에서는 여자가 황제나 왕이 된 사례가 없으며,
 중국과 일본의 경우에도 단지 한 사람의 여왕, 여황제가 있었을 뿐
이다.

그러나 신라에서는 고대 그리스, 로마는 물론
중국, 일본과도 달리
선덕, 진덕, 진성 등 여왕이 세 분이나 있었다.

재위 기간이 진덕여왕은 6년, 진성여왕은 11년인데

선덕여왕은 16년이다.

진덕여왕과 진성여왕은 재위 기간 중 그 업적이 미미하거나

나라를 혼란에 빠뜨렸는데

선덕여왕은 '지기삼사'의 예에서 보이는 것과 같이

총명한 군주로

첨성대 축조, 황룡사 구층목탑 조성, 분황사 건립 등

이 외에도 여느 왕에 못지않은 많은 치적이 있었다.

• 도리천 소나무 숲속에 아늑하게 자리 잡은 선덕여왕릉

 2009년 모 방송국에서 방영한 『선덕여왕』 드라마가 인기를 끈 이후 이곳 선덕여왕릉을 찾는 사람들이 늘어나면서 사천왕사지 동편에 승용차 10여 대를 주차할 수 있는 간이 주차장이 생겼다.
 주차를 한 후 지금은 폐선이 된 동해남부선 철로 아래로 난 길을 통과한 후 하강선 마을 입구에서 왼쪽으로 꺾어 낭산 정상 쪽으로 올라가면 나무 데크 길이 나타난다. 여기서 200여m 정도 오르면 솔숲 속에 다소곳이 자리하고 있는 왕릉을 만날 수 있다.

낭산 정상 부근에 아늑하게 자리 잡은 선덕여왕릉

 사적으로 지정된 이 능의 형식은 신라 상고기의 모습을 그대로 보여주고 있는데, 그 위치가 『삼국유사』 「기이」 편 '선덕왕 지기삼사' 조의 기록과 일치하고 있어 학계에서는 무열왕릉, 문무왕릉, 흥덕왕릉 등과 함께 무덤 주인공이 확실한 것으로 보고 있다.
 능 주변의 소나무들은 모두 여왕을 향해 다소곳이 하문(下問)을 기다리는 모습 같다. 꿈을 이루기 위한 여왕의 수많은 번민들을 저 소나무들은 알 것 같다.

 능은 봉분의 지름이 23.4m, 둘레가 73.3m, 높이 6.8m인 원형봉토분이다. 봉분의 하단에는 둘레돌[호석(護石)]을 돌렸는데, 크고 작은 깬돌을 약 70cm 높이로 2~3단 쌓고 드문드문 둘레돌의 높이와 비슷한 대석을 기대어 놓았다. 이 둘레돌은 원래 흙 속에 묻혀 있었는데 1949년에 보수를 하면서 흙을 걷어내고 다시 쌓았다고 한다.
 그러나 당시 왕릉이 졸렬하게 복원되어, 이후 별도로 둘레돌을 받친 버팀석을 그 사이사이에 끼웠다. 능의 둘레돌은 크기가 불규칙한 깬돌을 사용한 점이 특이하다.
 능 앞에는 최근에 설치한 조선 왕릉의 혼유석 형태를 모방한 상석이 다른 석물들과 함께 놓여 있다.

 신라왕릉의 둘레돌은 6세기 초 이전의 돌무지덧널무덤[적석목곽분(積石木槨墳)] 축조 시기에는 자연석이나 깬돌을 이용한 돌담식이었다. 그 이후 돌방무덤[석실분(石室墳)]이 채용된 초기에는 돌담식의 둘레돌에 버팀석을 두었다. 통일초기에는 장방형으로 치석한 석재를 기단과 갑석을 마련하면서 쌓았고, 그 이후에는 면석(面石)과 탱석(撐石)을 갖추고 십이지신상을 새긴 둘레돌이 유행한 것으로 학계에서는 보고 있다. 따라서 이 능은 통일 이전 시기의 모습을 잘 보여주고 있어 고고학적 형식으로 보아도 선덕여왕의 능임을 알 수 있다. 이와 같은 양식의 둘레돌이 있는 무덤으로는 서악동의 태종무열왕릉과 그 위에 있는 4기의 왕릉급 고분 등이 있다.

능에서 아래로 좀 떨어진 곳에 '신라선덕왕릉봉수기념비(新羅善德王陵奉修記念碑)'가 있다. 이 비에는 1949년에 이 능을 수축할 당시 참여한 주민, 후원자, 숭혜전 참봉, 미추왕릉 참봉 등 118명의 명단이 기록되어 있다.

한때 이 능 앞 배례석에는 거의 매일 새로운 꽃다발이 놓여 있었다. 평소 여왕을 흠모한 누군가가 가져다 놓은 듯하다.

혹시 이 꽃다발을 지귀(志鬼)의 영혼이 가져다 놓은 것이 아니었을까? 『삼국유사』「의해」편 '이혜동진' 조에 지귀와 관련한 영묘사 화재(火災)에 관한 이야기가 간략하게 기록되어 있는데, 자세한 이야기는 권문해의 『대동운부군옥』에 다음과 같이 전해지고 있다.

신라시대에 지귀라는 사람이 있었다. 그는 활리역(活里驛) 사람인데, 하루는 서라벌에 나왔다가 지나가는 선덕여왕을 보았다. 여왕이 어찌나 아름다웠던지 그는 단번에 여왕을 사모하게 되어 고민한 나머지 몸이 점점 여위어 갔다.

하루는 여왕이 영묘사에 불공을 드리러 갔다가 그 이야기를 듣고 지귀를 불렀다. 지귀는 절 탑 밑에서 여왕을 기다리다가 깜빡 잠이 들었다. 여왕이 돌아가는 길에 그에게 다가가서 자신의 팔찌를 빼어 놓고 왕궁으로 돌아갔다.

잠에서 깨어난 지귀는 팔찌를 발견하고 여왕이 다녀갔음을 알게 되어 사모의 정이 더욱 불타올라 마침내 화귀(火鬼)로 변했다.

이 일 이후 지귀가 화귀로 변하여 온 세상을 떠돌자 사람들이 두려워하였다. 이에 선덕여왕이 백성들에게 주문을 지어 주어 대문에 붙이게 하니, 그 뒤 백성들은 화재를 당하지 않게 되었다고 한다.

능지탑(陵只塔)이 문무왕의 화장터일까?

BC 4세기 시칠리아의 시라쿠사에
디오니시오스라는 왕이 있었다.
사람들은 그에게 복종했고,
그의 궁전은 아름답고 값진 물건들로 가득했다.
디오니시오스의 부하인 다모클레스는
이런 왕의 권력과 부를 부러워했다.
하루는 다모클레스가 디오니시오스에게 아뢰었다.
"얼마나 행복하시겠습니까!
왕께서는 누구나 바라는 것을
모두 가지고 계시니 말입니다.
단 하루만이라도 폐하처럼 누려 보는 것이
제 평생의 소원입니다."

그러자 왕은 아무렇지 않게
다모클레스에게 편하게 말했다.
"그러면 내일 하루 그대가 왕이 되어 보겠는가?

내일은 그대가 왕이니,

마음껏 누려보게."

다음날 다모클레스에게 왕을 체험할 기회가 주어졌다.

향기로운 술과 아름다운 여인,

흥겨운 음악…, 모든 것이 완벽했다.

그는 푹신한 방석에 기대어

오늘만큼은 자신이 이 세상에서

가장 행복한 사람이라고 생각했다.

그러던 중 그는 우연히 천장을 바라보고

깜짝 놀랐다.

날카로운 칼이 단 한 가닥의 말총에 매달려

그의 머리를 향하고 있었기 때문이다.

그의 표정은 잿빛으로 변했다.

달콤했던 술도 음식도 더는 맛을 잃었고,

음악도 즐겁지 않았는데

그 모습을 본 디오니시오스가 물었다.

"뭐가 잘못되었나?"

다모클레스는 완전히 넋이 나간 표정으로 왕에게 대답했다.

"폐하, 저 위에 칼이 있습니다!"

"그 칼에 뭘 그리 놀라나.

나는 매 순간 언제 죽을지 모른다는

두려움 속에 살고 있네.

그리고 나의 권력은 언제 떨어질지 모르는 칼처럼

항상 위기와 불안 속에 유지되고 있지."

다모클레스는 식겁을 하고
다시는 왕을 부러워하지 않았을 것이다.

이곳 능지탑에서 한 줌의 재가 된 문무왕도
어쩌면 생전에 왕좌 위에
한 가닥의 말총에 매달린 칼이 있었던 것은 아닐까??

• 능지탑은 능시탑 또는 연화탑이라고도 한다

"만일 지구가 멸망해 다른 별로 가야 한다면 무엇을 가져가겠습니까?" 어떤 기자의 물음에 영국의 역사학자 토인비는 이렇게 대답했다.
"효(孝)와 아름다운 한국의 가족제도를 포함시킬 것입니다."

미국에서 4년여 만에 귀국한 아들과 설날에 다니러 온 딸, 사위들과 더불어 명절을 보냈다. 자식들로부터 살가운 대접을 받은 적은 없으나, 모처럼 만나는 가족이 그냥 좋았다. 그래서 토인비의 이 말에 공감을 한다. 더구나 이제 나이가 들고 보니 무엇보다 가족이 소중하다.

자식들이 모두 자기네 보금자리로 돌아가고 나니 허전하다. 마음을 달래고자 카메라를 들고 능지탑을 찾아 집을 나섰다.

경상북도기념물로 지정된 능지탑(陵只塔 혹은 陵旨塔)은 낭산 서쪽 기슭에 있는데 주변 마을에서는 능시탑(陵屍塔) 또는 연화탑(蓮華塔)이라고도 한다.

먼저 국립경주박물관에 들러 능지탑 유물을 둘러보기로 했다. 이곳에서 출토된 소조불상의 파편은 신라미술관 불교미술 제1실에 전시되어 있다. 결가부좌한 다리, 코와 귀 등 신체 각 부위의 극히 일부 조각들이 여러 점 전시되어 있으나 불상의 전모를 파악할 수가 없어 아쉬웠다.

박물관을 나와 능지탑으로 향했다. 울산으로 향하는 7번 국도는 항상 차들로 붐비는데 오늘은 명절 뒤라 더 통행량이 많다. 배반사거리에서 300여m 거리이지만 능지탑은 도로 왼쪽인데 좌회전이 불가능하여 신문왕릉까지 가서 돌아와야 한다.

탑 주위는 개발제한지역이라 그런지 여기저기 퇴락한 건물이 오늘 날씨처럼 우중충하다. 사람의 그림자도 보이지 않는다.

문무왕의 화장터로 알려진 능지탑은 주변에 흩어져 있는 탑 재료를 모아 쌓은 것으로 능시탑 또는 연화탑이라고도 한다(좌). 능지탑 출토 소조불상의 파편(우상). 능지탑의 뒤 보수하고 남은 연화석(우하).

낭산 서쪽 기슭에 있는 이곳 능지탑은 지대석 위에 2층탑의 형식을 보인다. 아래층 옥신 각 면은 한 변이 23.3m, 높이 약 1.9m인데, 동서남북 각 면에 3구씩의 십이지상을 배치하였다. 그런데 입구인 남면에 뱀[巳]상과 동면 범[寅], 용[辰]상이 결실되어 새 석재로 보충하였다. 그런데 이 십이지신상 중에서 북면 중앙의 쥐상은 이빨을 드러내고 왼손에 칼을 쥐었는데 오른손을 옷자락에 감추고 있다. 이빨이 표현된 점으로 미루어 이 상은 범상일 가능성이 높고 또 다른 상과 달리 평복을 입고 있으며 전체적으로 길고 가는 편이다. 이 외에도 이들 십이지상 중 일부는 양식적으로도 차이가 있다.

옥개석 부분은 위를 잔디로 덮고 옥개받침은 높이 60cm 정도의 복련 연화석 여러 매를 둘렀는데 폭이 일정하지 않다. 상층 옥신은 한 변의 길이가 12m, 높이 70cm이며, 옥개는 사모지붕처럼 마감하고 중심부에 자연석을 마치 보주(寶珠)처럼 사용하였다.

능지탑은 일제강점기 일본인 학자들에 의해 1차 조사가 있었는데 당시 '조선고적연구회' 명의로 발간된 보고서에서는 이곳이 화장지(火葬地)일지도 모른다는 언급이 있었다.

광복 이후 무너진 채 1층 탑신 일부와 기단 약간만이 돌무더기처럼 버려져 있던 것을 1969년 이래 1971년까지 4차에 걸쳐 신라삼산조사단(新羅三山調査團)에서 조사를 하고, 이어서 1975년 본격적인 해체·발굴조사가 있었다. 조사 결과 정사각형 석단 중앙부에 찰주석이 지층 아래까지 세워져 있고, 찰주석 아래에는 공간을 포함한 토석 유구가 있으며, 토석 유구와 주변 지층이 까맣게 그을려 있는 것이 확인되어 화장묘(火葬墓)로 추정되었다. 원래 창건 당시에는 목조건물로 된 묘가 있었으나 이것이 언제인가 소실되자 이 화장묘를 보존하고 예배하기 위하여 외부에 정사각형 석단을 축조한 것으로 보고 이를 문무대왕의 화장 장소로 비정하게 되었던 것이다.

한편, 탑 기단 내부에서 소조(塑造) 불상의 파편 여러 개와 수많은 와전이 출토되었는데, 이것들은 통일 초기에 제작된 것으로 여겨지고 있어서, 현재의 석단 이전에 창건된 건물, 즉 문무왕의 탑묘(塔廟)에 쓰였던 유물로 추정되고 있다.

학술적으로는 이른바 방단형석탑(方壇形石塔)으로 분류되고 있는 이 탑은 원래의 모습을 정확히 알기는 어려우나, 지금과 같은 규모의 평면에 5층으로 쌓아 올린 석조 축단형 구조물이었을 것으로 짐작되고 있다. 현재 탑의 뒤쪽에는 보수할 때 사용하고 남은 연화석 36개가 쌓여 있고, 그 옆에 성격이 구명되지 않은 토단 유구가 남아 있다.

• 문무왕은 진실로 백성을 사랑한 왕이었다

문무왕은 유언으로 "내가 죽은 후 열흘 안에 고문의 바깥뜰[庫門外庭]에서 서국(西國)식으로 화장을 하라."고 하였다. 서국은 인도를 지칭하고, 고문이 글자 그대로 창고의 문이라면 『삼국유사』「기이」편 '만파식적' 조에 '월성천존고'라는 창고의 기록이 있으나 이런 류의 창고 문은 아님이 분명하다. 『삼국사기』에는 궁궐의 남문·북문·현덕문·무평문·준례문 등의 기록이 있고, 또, 금성의 동문·서문·북문·남문, 그리고 월지에 있었던 문으로 추정되는 임해문과 인화문의 기록이 보인다. 『삼국유사』에는 귀정문·동문 등의 기록을 볼 수 있다. 하지만 어디에도 '고문'이라는 기록은 없다.

중국 역대 왕조의 도성 건설에 기본이 되는 『주례고공기(周禮考工記)』에 의하면 제왕의 궁궐에는 고문(庫門)·치문(雉門)·노문(路門) 세 개의 문이 있다. 고문은 이 3개의 문 중 가장 바깥쪽이라니 이곳 능지탑지가 '고문의 바깥뜰'이 아닐까? 하지만 월성의 정문은 당시 서문인 귀정문일 가능성이 높은 것으로 보인다. 그렇다면 만약 고문이 있었다면 귀정문의 서쪽이어야 할 것이다.

능지탑을 문무왕의 화장터로 추정하게 된 것은 일제강점기 일본인 학자들이 화장지일지도 모른다는 언급이 있었고, 1970년대 능지탑 발굴조사에서 까맣게 그을린 흔적이 있었다. 그리고 능지탑이 지역 주민들 사이에서 능시탑(陵屍塔) 또는 연화탑(蓮華塔)으로 전해오고 있는 것도 화장터라는 추정을 가능하게 한다. 또 부근에서 문무왕의 비편이 수습되었다. 그래서 일부에서는 이곳 능지탑을 문무왕의 화장터로 보고 있다.

『삼국사기』나 『삼국유사』 등의 기록에 의하면 문무왕의 재위 기간은 21년간으로 되어 있으나 생년이나 수명에 대한 언급은 없다. 단지 문무대왕 비문에 왕이 죽었을 때 56세였다는 기록이 있다. 당시로서는 단명했다고 할 수 없겠으나 삼국통일을 완성한 군주로 신라를 반석 위에 올려놓기 위해서는 재위 기간이 무척 아쉽다.

임종을 앞두고 왕이 남긴 유언은 지금 다시 읽어도 가슴이 뭉클해진다.

"과인은 운명적으로 어지러운 때에 태어나 자주 전쟁을 치렀다. 서쪽을 치고 북쪽을 토벌하여 영토를 평정하였으며, 반란자를 치고 화해를 원하는 자와는 손을 잡아, 마침내 원근(遠近)을 안정시켰다. 위로는 선조의 유훈을 받들고 아래로는 부자(夫子)의 원수를 갚았으며, 전쟁 중에 죽은 자와 산 자에게 공평하게 상을 주고, 안팎으로 고르게 벼슬을 내렸다. 무기를 녹여 농기구를 만들고 납세와 부역을 줄여 백성들이 풍요로운 삶을 살게 하고, 나라에는 근심이 사라지게 하였다. 창고에는 산처럼 곡식이 쌓이고 감옥에는 풀이 우거졌으니, 가히 선조들에게 부끄러울 것이 없었고, 백성들에게도 부담을 지운 일이 없었다. 내가 풍상을 겪어 드디어 병이 생겼고, 정사에 힘이 들어 더욱 병이 중하게 되었다. 예로부터 운명이 다하면 이름만 남으니, 홀연 죽음의 어두운 길로 접어드는 이때 무슨 여한이 있으랴! 태자는 일찍부터 빛난 덕을 쌓아 오랫동안 동궁의 자리에 있었으니, 위로는 여러 재상으로부터 아래로는 낮은 관리에 이르기까지, 죽은 사람을 보내는 의리를 어기지 말고, 산 자를 섬기는 예를 잊지 말라. 종묘의 주인은 잠시라도 비어서는 안 될 것이니, 태자는 나의 관 앞에서 왕위를 계승하라.

문무대왕면 봉길리 바다에 있는 문무왕의 해중 능

 세월이 가면 산과 계곡이 변하고, 세대 또한 흐름에 따라 변하는 것이다. 옛날 만사를 처리하던 영웅도 마지막에는 한 무더기 흙이 되어, 나무꾼과 목동들이 그 위에서 노래하고, 여우와 토끼는 그 옆에 굴을 팔 것이다. 그러므로 헛되이 재물을 낭비하는 것은 역사의 비방거리가 될 것이요, 헛되이 사람을 수고롭게 하더라도 나의 혼백이 다시 살아나는 일은 없을 것이다. 이러한 일을 조용히 생각하면 마음 아프기 그지없으니, 이는 내가 즐기는 바가 아니다. 숨을 거둔 열흘 후, 고문(庫門) 바깥뜰에서 나의 시체를 불교의 법식으로 화장하라. 장례의 절차는 철저히 검소하게 해야 할 것이다. 변경의 성과 요새 및 주와 군의 과세는 잘 살펴서 모두 폐지할 것이요, 법령과 격식에 불편한 것이 있으면 즉시 바꾸고, 원근에 포고하여, 백성들이 그 뜻을 알게 하라. 소속 관원은 이를 시행하라!"

중국의 산시성의 시안시 린통구에 소재한 진시황의 능이다.
능 주변에서 병사와 말 등을 조각한 토용이 유명하다.

중국을 최초로 통일한 진시황제는 그의 무덤을 조성하는데 즉위 초부터 70여만 명이 동원되어 완성되었다고 한다. 내부에는 수은으로 강과 바다를 만드는 등 천상과 지상을 모방한 지하 궁전을 만들고 도굴을 하려고 접근하면 화살이 자동 발사되는 비밀스러운 장치도 갖추었다는 기록이 있다. 그리고 1974년 1호 갱 발굴 후 지금까지 3호까지 발견되었는데, 현재 갱마다 모두 8,000여 구의 병마용과 100여 개의 전차, 그리고 400여 구의 기마상이 전시되어 있다.

2009년 현지를 답사하고는 오싹 소름이 끼쳤던 기억에 지금도 전율을 느낀다.

하지만 우리 역사상 처음으로 통일 국가를 이룬 문무대왕은 장례 절차를 검소하게 하고 백성들에게 수고를 끼치는 일을 하지 말도록 엄격하게 당부하고 있다. 이에 중국 진나라는 16년 만에 패망하였으나 문무왕과 같은 성군(聖君)이 다스린 신라는 천년 동안 사직을 이어올 수 있었던 것이다.

중생사는 삼보사찰 이상의 의미가 있다

• **현중생사 부근에서 2구의 관음보살입상이 발견되었다**

『대학(大學)』 「정심장(正心章)」에 이런 구절이 있다.

心不在焉(심부재언)이면 視而不見(시이불견)하며,
聽而不聞(청이불문)하며, 食而不知其味(식이부지기미)니라.
"마음이 없으면 보아도 보이지 않고, 들어도 들리지 않고, 먹어도 그 맛을 모른다."라는 의미이다.

❋ 이번 중생사에 대해서는 우선 절터에서부터 꽉 막혀버렸다. 마음이 있지만 보이지도, 들리지도 않는다. 능지탑지의 오른쪽 갈림길에 '현중생사'라는 표지석이 있다. 옛 중생사 즉 진짜 중생사가 아님을 고백하고 있는 것이다.

현재 능지탑 북쪽에 마애지장삼존불이 있고 근래에 지은 사찰이 있는데 현중생사이다. 그런데 중생사와 관련 기록으로는 『삼국유사』에 '삼소관음 중생사'가 유일하다. 이 외에는 어느 문헌에도 보이지 않는다. 단지 이 부근에서 석조 불상 2구가 출토되었는데, 이를 '삼소관음 중생사'에 기록된 관음보살로 추정하고 있다. 하지만 이 사실 하나만으로 이곳을 중생사지로 보기에는 무리이다. 일대 발굴 조사가 필요하다.

1997년 5월, 현중생사로부터 약 100m 떨어진 곳에서 마을 농부가 밭 언덕에 목이 없는 불상이 파묻혀 있던 것을 발견하여 신고하였다. 이 관음상은 우리나라에서는 가장 큰 관음보살상이다. 대좌는 두 동강 난 채 밭두렁에 묻혀 있었다.

낭산 중생사지로 추정되는 지역에서 출토된 관음보살상. 좌측의 불상은 보관에 작은 화불이 새겨져 있고 왼손에 정병을 들고 있어 관음보살상임을 알 수 있다. 우측의 불상은 보관에 화불을 중심으로 둘레에 11면의 보살상이 있는 십일면관음보살상이다.

당시 강우방 전 국립경주박물관장은 마을 노인으로부터 이 근처에 있던 동강 난 불상 머리를 오래전에 박물관에서 가져갔다는 말을 기억하고 박물관에 전시된 많은 불상의 머리 중에 크기가 비슷한 것을 찾아 맞추어 높이 3.85m의 당당한 관음보살상을 복원하였다.

박물관 북편 뜰에 서 있는 이 관음보살상은 화려하나, 측면에서 보면 구부정한 자세로 전체적인 조형미는 다소 미숙한 편이다. 자세는 정면에서 약간 왼쪽으로 틀어 율동감을 나타내었다. 머리에는 보관이 높이 솟아 있고 보관 아래에는 꽃무늬 태를 둘렀다. 큰 귀에 풍만한 얼굴로 목에는 삼도가 뚜렷하고 가슴에는 영락이 드리워져 있다. 오른손은 가슴 위로 들어 올리고 왼손은 자연스럽게 아래로 내려 정병을 잡고 있다. 천의는 허리와 무릎에서 넓게 U자를 그리며 두텁게 드리워져 있다.

또 국립경주박물관 신라미술관 불교미술 2실에는 중생사터에서 발굴된 것으로 알려진 11면 관음보살입상이 있다. 이 불상은 발굴 당시 왼팔이 어깨 부위부터 완전히 떨어져 나갔고, 하체 대부분이 땅속에 묻혀 있었다. 1917년 출판된『조선고적도보』에 실린 사진을 보면 이 불상은 삼존불 가운데 오른쪽 협시보살로 여겨지는데, 현재 본존불과 왼쪽 협시보살은 찾을 수 없다. 자세히 살펴보면 정병(淨甁)을 든 왼팔은 복원된 것이 확실하고 왼발도 복원된 것으로 추정된다. 이 불상은 정수리의 불상 하나와 주위 보살의 얼굴까지 합하여 총 11개의 얼굴이 있다고 하여 십일면관음보살상이라고 한다.

석불로 조성된 11면 관음보살상은 매우 귀하다. 석굴암 안에 있는 11면 관음보살과 굴불사지 6비 11면 관음보살상, 그리고 이 11면 관음보살입상 딱 세 점뿐인데, 그중 환조로 조성된 것은 이 불상이 유일하다.

관음보살은 관세음(觀世音)보살 또는 관자재(觀自在)보살이라고도 하는데, 무한한 자비의 힘으로 중생의 괴로움을 구제하고 왕생의 길로 인도한다. 관세음은 세상의 모든 소리를 살펴본다는 뜻이며, 관자재는 이 세상의 모든 것을 자재롭게 관조하여 보살핀다는 뜻이다. 백의관음, 십일면관음, 천수관음 등이 있는데, 이는 중생의 제도를 위하여 다양한 모습으로 변화한 것이다.

마음속으로 관음보살을 간절하게 염원하면 불구덩이가 연못으로 변하고, 성난 파도가 잠잠해지며, 높은 산에서 떨어져도 공중에서 멈추게 된다고 한다.

또한 참수형을 받게 되었을 때도 목을 치는 칼날이 부러지는 등 관음보살은 갖가지 재앙으로부터 중생을 구원하는 보살로 알려져 있다.

요즈음 북핵문제, 경제문제 등으로 나라 안팎이 무척 어수선하다. 관음보살의 가피가 절실하다.

관음보살의 정식 명칭은 관세음보살이다.
그런데 당나라 태종 황제의 이름인
이세민(李世民)을 피휘해
관세음에서 '세' 자를 생략해서 관음이라고 했다고 한다.

보살 중 수석이 관세음보살이 아닐까?
그런데 당 황제의 이름을 피휘에서 '세' 자를 생략하다니…보살들이 들고 일어날 것 같다.
그리고 당 태종은 평생 관음보살의 가피를
받지 못했을 것 같다는 생각이 든다.

실제 이런 일이 있었다.

당 태종은 645년 고구려 정벌 길을 나섰으나
안시성 전투에서 패하고
이어 2차, 3차 정벌에서도 실패한 후
이질을 앓다가 50세에 사망했다.

관세음보살의 진노 때문은 아니었을까?

• 중생사? 현중생사?

부처님의 진신사리를 모신 통도사를 불보(佛寶)사찰, 부처님의 모든 말씀 곧 팔만대장경이 있는 해인사를 법보(法寶)사찰, 훌륭한 스님을 많이 배출한 송광사를 승보(僧寶)사찰이라고 한다. 불(佛)·법(法)·승(僧) 삼보도 결국은 중생을 위한 것이라면 삼보사찰보다 더 의미가 있는 사찰이 중생사가 아닐까?

중생(衆生, sattva, living things)이란 인간을 비롯한 생명이 있는 모든 존재를 뜻하는 불교 용어로 의식을 지닌 존재인 모든 생물은 부처가 될 수 있는 본성을 지닌다는 뜻으로 대승불교 경전인 『대반열반경(大般涅槃經)』에서는 '일체중생실유불성(一切衆生悉有佛性)'이라고 하였다.

중생사란 이름을 가진 절이 더러 있다. 이곳 낭산을 비롯하여 서울 송파구, 경남 창녕과 남해, 제주 애월읍, 부산 서구에 각각 중생사가 있다. 그러나 모두가 최근에 조성된 사찰들이다.

낭산 기슭에 있는 현 중생사가 신라시대의 중생사 자리에 세워진 절인지는 확실하지 않지만, 지금까지 경주의 어느 곳에서도 중생사라고 할 만한 절터가 발견되지 않았고, 이 부근에서 출토되어 국립경주박물관에 있는 관음보살상이 『삼국유사』에 기록이 있는 중생사의 삼소관음일 가능성이 있는 등 여러 가지 정황으로 보아 신라시대의 중생사일 가능성이 큰 것으로 보고 있다.

대한불교조계종 제11교구 본사인 불국사의 말사인 현중생사는
사람들의 관심 밖에 있는 외로운 사찰이다.

중생사의 창건 시기에 대한 기록은 없으나 문무왕 12년에 사천왕사와 비슷한 시기일 것으로 보는 견해가 있고, 선덕여왕릉과 가깝다는 점에서 선덕여왕릉의 원찰이었을 것으로 추정하기도 한다.

1940년대 이 지역에 살고 있던 안순이라고 하는 보살이 이곳에 사찰을 건립하고 선덕사(善德寺) 혹은 선덕정사(善德精舍)라 하였다.

그녀가 사찰 이름을 이렇게 정한 이유를 분명하게 밝힌 사실은 없지만 선덕여왕릉에서 북쪽으로 직선거리 약 600m 지점에 있는 바위 면에 부조로 조각된 본존인 피모(被帽)의 마애지장보살상을 왕관을 쓴 선덕여왕으로 보고, 무복을 입고 무기를 들고 있는 양 협시의 신장상(神將像)은 선덕여왕을 좌우에서 모시는 무장(武將)으로 생각한 듯하다.

안순이 보살은 1940년대 망덕사 서편의 논을 개간하면서 망덕사지 목탑 상륜부로 추정되는 석재를 수습하고, 또 1949년에는 배반동 주민들과 함께 선덕여왕릉을 보수하기도 하였다.

이후 어떤 이유에선지 안순이 보살이 낭산 남쪽 마을에 새로운 개인 사찰을 지어 옮겨가고 도문 스님이 이를 인수하여 중생사라고 이름을 바꾼 것으로 알려지고 있다. 도문 스님은 조계종 원로의원으로 활동하신 대종사로 이후에 부산 천마산에도 중생사를 열었다.

도문 스님이 이곳 선덕사를 인수할 당시 이 일대에서 발견된 여러 가지 유물 등을 근거로 이곳이 신라시대의 중생사가 있었던 곳으로 추정하여 사찰 이름을 이후 중생사로 바꾸었을 것으로 추정된다.

2011년 5월 14일 자 시사IN에 도문 스님과 법륜 스님 사이에 있었던 일화를 소개하고 있다.

1969년 겨울, 고등학교 1학년에 재학하던 최석호는 분황사에서 학기말 시험을 준비하다가 주지 스님을 만났다. 스님은 그의 비상함을 눈여겨 보아왔다. 몇 번 출가를 권유했다. 하지만 머리가 좋고 과학자가 꿈인 최석호는 출가를 망설였다. 스님은 그런 최석호를 불러세웠다.

"너 어디서 왔어?"

"학교에서 왔습니다."

"학교 오기 전에는?"

"예, 집에서 왔습니다."

선문답이 계속 이어졌다.

"어머니 뱃속에서 나오기 전에는?"

"모르겠습니다."

"그래, 너 어디로 갈 거니?"

"학교 도서관에 가야 합니다."

"도서관에 갔다가는?"
또다시 선문답이 이어졌고, 최석호는 결국
"죽습니다."라고 대답했다.
"죽은 뒤에는?"
"모르겠습니다."
스님은 쩌렁쩌렁한 목소리로 야단을 쳤다.
"야 이놈아, 어디서 와서 어디로 가는지도 모르는 놈이 바쁘긴 왜 바빠?"
깨달음의 죽비를 맞은 최석호는 이후 출가를 하게 된다. 당시 주지 스님이 이곳 현중생사에 주석하신 적이 있는 도문 스님이고, 최석호가 바로 즉문즉설로 유명한 법륜 스님이다.

사찰명인 중생(衆生)은
『예기』나 『장자』 등에서 사람을 가리키던 단어이다.
이후 불교가 중국으로 전래되면서
산스끄리뜨어인 '바후자나(bahujana) 등을 한자로 번역한 용어로
지옥·아귀·축생·인간·아수라·천신 세계를
윤회하는 존재라는 의미이다.

모든 중생은 자신의 지은 바 선악의 업에 따라
육도 세계를 끊임없이 윤회하게 된다.
이곳 중생사를 찾으면서
중생에 대해서 여러 가지 생각을 하게 된다.

살아생전에 육도윤회에서
벗어난 스님이 있었으니
바로 조선시대에 활약하신 진묵 대사(震默大師)이다.

대사가 사미승으로 있을 때
경상도 창원에서 대사를 짝사랑하던 여자가 죽어
기춘(奇春)이라는 시동으로 환생하였다.
진묵 대사는 심히 기춘을 귀여워하였다.
이를 절의 대중들이 비난하자
기춘을 시켜 대중들과 진묵의 국수 그릇에
바늘을 넣게 하였는데,
진묵의 그릇은 바늘도 국수가 되었다.

스님이 전주 용화산에 있는 일출암에서 지낼 때,
절 밑의 사하촌에 홀로 된 어머니를 모시고 있었다.
마을에는 개울이 있어서 그런지
여름이면 수많은 모기가 들끓어서 사람들을 괴롭혔다.
하루는 진묵이 어머니가 모기 때문에
밤잠을 설치는 것이 늘 마음에 걸려
산신을 불러다가 모기를 다스려 주도록 당부하니,
그 뒤로 모기가 다 사라져 버렸다고 한다.

또 이런 일화도 전한다.
진묵 대사가 한번은 길을 가다가

여러 사람들이 천렵을 하여
시냇가에서 물고기를 끓이는 것을
보고 탄식하여 말하기를
"발랄한 물고기가 아무 죄도 없이
가마솥 안에서 삶겨 죽는 고통을 당하는구나."
이에 한 사람이 희롱하여 말하기를
"선사께서는 이 고기를 드시겠습니까?"
그러자 대사가 말했다.
"나야 먹지."
그러고는 순식간에 솥에 든 고깃국을 다 마셔버렸다.
이에 모두 놀랐다.
"부처님은 살생을 경계하셨는데 이제 고깃국을 마셨으니
어찌 중이라 할 수 있겠습니까?"
이에 대사가 말했다.
"죽인 것은 내가 아니지만 살리는 길은 내게 있다."
말을 마치고는 옷을 벗고 물에 등을 돌려 똥을 누니
죽었던 물고기들이 살아서 쏟아져 나와
번쩍번쩍 비늘이 빛나고 어지러이 물속을 뛰놀았다.
대사가 물고기에게 말했다.
"발랄한 물고기들은 이제부터 강해(江海)로 가서 놀되
미끼를 탐하다가 다시는 가마솥에 삶겨 죽는
고통을 당하지 않도록 조심하라."

하루는 중이 잔치를 베풀기 위해 술을 거르는데

술의 향기가 진하게 풍겨왔다.

대사께서는 석장을 짚고 서서 물었다.

"그대는 지금 무엇을 하는가?"

"술을 거릅니다."

대사는 묵묵히 돌아갔다.

얼마 후에 대사가 다시 물었다.

"그대는 무엇을 거르느냐?"

까닭을 모르는 중이 같은 대답을 했다.

"술을 거릅니다."

진묵 대사는 무료히 앉아 있다가 다시 돌아왔다.

그러나 여전히 술향기에 참을 수 없어 또 물었다.

그 중은 끝내 곡차를 거른다고 말하지 않고

술을 거른다고만 답하였다.

대사는 묵묵히 돌아오고는 다시는 그곳에 돌아가지 않았다.

그날 밤 금강역사가 철퇴로

술 거르던 중의 머리통을 내리쳤다.

이곳 중생사 공양간에서

술향기가 나는 것 같다.

• 경내에는 마애삼존불상을 비롯한 다수의 유물들이 있다

현중생사는 대한불교조계종 제11교구 본사인 불국사의 말사이다.

중생사는 창건과 그 이후의 연혁이 전해지지 않고, 언제 폐사되었는지도 알 수 없다. 1940년대에 옛터에 현중생사를 중창하여 오늘에 이르고 있다. 건물은 법당과 삼성각, 요사 2동이 있고, 유물로는 보물로 지정된 낭산마애삼존불상이 있고, 팔각원당형불좌대(八角圓堂型佛座臺)와 옥개석을 비롯한 석탑 부재, 주춧돌 등이 다수 남아 있다. 주변의 유물로 보아 상당한 사격(寺格)을 갖춘 사찰이 있었음을 알 수 있다.

보호각 속에 부조로 조각된 낭산마애삼존불이 있는데, 지장보살로 추정되는 본존을 중심으로 좌우에 무장이 협시를 하고 있다(좌). 현중생사 경내에는 석탑의 부재, 연화대석, 주춧돌 등이 흩어져 있다(중, 우)

벽체가 없는 맞배지붕의 보호각 속에 있는 낭산마애삼존상의 본존을 학계에서는 지장보살로 보고 있다. 앞에 세워둔 안내판에도 본존을 지장보살로 소개하고 있다. 본존인 지장보살은 얕은 감실 속에 부조로 조각되어 있다. 머리는 소발(素髮)인지 두건을 쓴 형태인지 분명하지 않고, 둥글고 비만한 얼굴은 광대뼈가 나오고 살짝 미소를 띤 매우 독특한 모습이다. 어깨는 넓으나 목이 짧아 움츠린 자세이다. 옷은 통견으로, 왼쪽 어깨 위에서 한 번 뒤집혀 있고, 드러난 가슴에 두 줄의 옷주름 선이 비스듬히 표현되었다. 군의(裙衣)를 묶은 띠 매듭이 보이며, 이 군의가 두 무릎을 덮어 발이 드러나지 않고 있다. 그리고 두광과 신광을 둥근 선각으로 표현하였다.

좌우의 협시상들은 탈락이 심하다. 한 발은 안쪽으로 접고 다른 발은 약간 편 자세[유희좌(遊戱坐)]로, 갑옷을 입은 무장(武將)의 모습이다. 머리 부분은 마멸되어 잘 알 수 없지만, 본존상과 마찬가지로 얼굴은 광대뼈가 나오고 눈이 부리부리하며 입은 꾹 다물고 있다. 목은 본존과 같이 거의 드러나지 않으며 목 주위에는 신장상에서 흔히 볼 수 있는 'Ω'형 옷깃이 표현되어 있다. 오른쪽 상은 칼을 잡고 있으며, 왼쪽 상의 지물(持物)은 탈락이 심해 알아볼 수 없다. 이 협시상들은 갑옷을 입고 무기를 든 것으로 보아 신장상인 듯하다.

지장보살은 석가모니 부처님으로부터 사바세계에 미륵불이 출현할 때까지 고통받는 중생을 구제하여 그들이 모든 고통에서 벗어나 해탈토록 하는 부촉(付囑)을 받았다. 지장보살의 하화중생(下化衆生)에 대한 서원은 지옥문에까지 이르러 명부시왕의 무서운 심판으로부터 인간을 구하는 데까지 이르고 있다. 지장보살의 모습은 일반 불상과는 약간 다른 모습을 하고 있다. 즉 머리는 두건을 쓰거나 삭발한 승려형의 2가지이고, 한 손에는 석장을 짚고 있다.

사찰 내에서 지장보살을 모신 전각은 지장전, 명부전, 시왕전 등인데, 중앙에 지장보살을 중심으로 왼쪽에 도명존자(道明尊者), 오른쪽에는 무독귀왕(無毒鬼王)을 봉안하고 그 좌우에 명부시왕·동자·판관 2인·녹사 2인·장군 2인을 'ㄷ'자형으로 배치한다.

따라서 낭산마애삼존불 주존이 지장보살이라면 협시는 도명존자와 무독귀왕이어야 한다. 도명존자는 스님, 무독귀왕은 문관 또는 왕의 모습으로 표현된다. 그런데 이 협시상은 무장을 하고 있다. 이런 형태의 삼존상은 그 사례가 알려지지 않고 있다.

이 불상의 조성 시기에 대해서는 대체로 신라 하대인 9세기경으로 추정하고 있다.

경주에는 이곳 이외에 금강산 남동 기슭에 마멸이 심하여 식별이 어려우나 지장보살상이 분명한 마애불상이 있다.

선(禪)에 대해 다 안다고 생각한 사람이 어느 선사(禪師)를 찾아왔다. 자기가 아는 것을 털어놓으며 떠들고 있는 동안 선사는 조용히 찻잔에 차를 따랐다. 차가 찻잔에 가득 차고 드디어 넘쳐흐르기 시작했다. 그 손님이 차가 넘친다고 하자 선사는 드디어 말했다.

"그대가 비어 있지 않은데 내가 무슨 말을 할 수 있겠는가?"

중생사니, 현중생사니, 지장보살상이라느니 또는 다른 상이라느니. 너무 알려고 하지 않아야 할 것 같다.

마음을 비우고 다시 경내를 둘러보았다.

• 세 번에 걸쳐 기이한 행적을 보인 중생사의 관음보살

『삼국유사』「탑상」편 '삼소관음중생사' 조에는 중국의 화공이 신라에 와서 관음보살을 만들었는데 이 관음보살이 중생사에서 네 번에 걸쳐 이적(異蹟)을 보인 사실을 기록하고 있다. '삼소(三所)'라면 세 곳을 의미하는데 실제 모두 중생사에서 일어난 일이니 '삼소관음 중생사'라는 조명(條名)에는 문제가 있는 것 같다.

중국 천자(天子)에게 사랑하는 여인이 있었다. 이처럼 아름다운 미녀는 없을 것이라 하여 화가에게 명하여 그 모습을 그리게 했다.

천자의 명을 받들어 그림을 완성하는데, 실수로 붓을 떨어뜨려 배꼽 밑에 붉은 점이 찍혔다. 다시 고쳐보려 했으나 고칠 수가 없었다. 그는 이 여인이 날 때부터 그 점이 있었을 것이라고 생각하고 그대로 이를 황제에게 바쳤다.

"겉모습은 아주 똑같으나 배꼽 밑에 있는 점은 어떻게 알고서 그렸느냐?"

황제는 매우 화가 나서 그를 옥에 가두니 승상이 나서서 그가 본래 착한 사람이라며 용서를 빌었다.

"그렇다면 짐이 어젯밤에 꿈에서 본 형상을 그려 올리게 하라."

화공이 바로 11면관음보살상을 그려 바쳤는데, 꿈에서 본 형상과 똑같았다. 황제는 그제야 마음이 풀려 그를 용서 해주었다.

화공이 사면되자 박사인 분절에게 말했다.

"제가 듣건대, 신라가 불법을 존중한다는데 나와 함께 그곳에 가서 불사를 닦는 것이 어떻겠습니까?"

드디어 함께 신라로 와서 중생사의 관음보살상을 만들었는데, 신라 사람들이 우러러 모시며 기도하여 복을 얻음을 이루 말할 수 없을 정도였다.

신라 말엽 최은함은 나이가 들어도 자식이 없자, 이 절의 관음보살에게 기도하여 아들을 얻었다. 석 달이 채 못 되어 후백제의 견훤이 서라벌로 쳐들어왔다. 최은함은 아들을 안고 이 절을 찾았다.

"이웃 나라의 군사가 갑자기 쳐들어와 다급합니다. 이 아이가 정말로 관음보살께서 점지해 주신 아이라면 큰 자비심으로 돌보아 주소서."

비통한 마음으로 아이를 포대기에 싸 관음보살상 사자좌 아래에 숨기고 떠났다.

적이 물러간 후에 아이를 찾아보니, 아이의 살결은 갓 목욕을 한 것과 같고 얼굴이 환하고 입에는 젖 냄새가 남아 있었다. 이 아이는 자라면서 총명함이 남보다 뛰어났다. 이 사람이 최승로인데, 벼슬이 재상인 정광에까지 올랐다.

또 통화 10년(992) 3월 중생사 주지인 성태가 보살 앞에 꿇어앉아 아뢰었다.

"저는 오랫동안 이 절에서 향을 부지런히 올리고 밤낮으로 게을리하지 않았습니다. 그러나 이 절이 가난하여 향을 올릴 수 없어 다른 곳으로 옮기고자 합니다."

그리고 잠깐 조는 사이 관음보살이 꿈에 나타나 이렇게 말했다.

"이곳에서 떠나지 마라. 내가 시주를 받아 향을 피울 수 있도록 하리라."

스님은 잠에서 깨어 기쁜 마음으로 그대로 머물렀다.

어느 날, 두 사람이 말과 소에 짐을 싣고 문 앞에 이르렀다. 스님이 어디서 왔느냐고 물었다.

"우리들은 바로 금주(경남 김해지방) 지방에 사는데, 한 스님이 우리에게 와서 말하기를, '내가 서라벌 중생사에 머무른 지 오래되었는데 네 종류의 공양거리*가 없어 시주를 받으려고 왔소이다.'라고 하기에, 이웃 마을에 가서 쌀과 소금을 시주받아 가지고 왔습니다."

"이 절에는 시주를 받으러 나간 사람이 없으니 당신들이 잘못 온 것 같습니다."

주지 스님의 말에 시주를 싣고 온 사람들이 말했다.

"그때 스님이 우리를 데리고 왔는데, 이곳 우물가에 도착하자 잠깐 기다리라기에 우리가 뒤따라왔습니다."

스님이 인도하여 법당 앞으로 가니, 그들이 관음보살을 우러러보고 말했다.

"이분이 시주를 구하러 왔던 바로 그 스님의 모습입니다."

그들은 놀라고 탄복해 마지않았다. 이 일 이후로 중생사에 바치는 쌀과 소금이 해마다 끊이지 않았다.

또 고려 명종 때 점숭이란 스님이 이 절에 있었다. 그는 글자는 알지 못했으나 성품이 본래 순수하여 부지런히 예불을 올렸다. 어떤 스님이 절을 빼앗으려고 옷을 시주하는 천사에게 말했다.

"이 절은 나라에서 은덕과 복을 비는 장소니, 글을 읽는 자를 주지로 삼아야 합니다."

---

* 네 종류의 공양거리를 사사(四事)라고 하는데 이는 의복, 음식, 좌구(坐具), 탕약(湯藥)이다.

천사는 이 말을 옳게 여겨 점숭을 시험하려고 경문을 거꾸로 주었다. 점숭은 글을 받아들고 즉시 물 흐르듯 읽었다.

천사가 감복하고 방안으로 물러나 앉아서 다시 점숭에게 읽게 하니 입을 다물고 말이 없었다.

그리하여 점숭은 끝내 이 절을 빼앗기지 않았다.

황복사지에는 삼층석탑만이
홀로 우뚝하다

- 의상 스님이 황복사에서 출가하였다

    ※ 4월을 영어로 April이라고 하는 것은 '사랑'을 뜻하는 라틴어 '아프릴리스(Aprillis)'에서 비롯되었기 때문이다. 그리스 신화에 나오는 올림포스 12신 중 하나로 미와 사랑의 신 아프로디테(Aphrodite)가 '4월의 여신'이다. 그녀는 사랑과 미와 풍요의 상징으로 로마신화에서는 '비너스(Venus)'이다.

  화사한 꽃이 온 누리에 가득하다. 사랑이 넘치는 계절이다. 콧노래를 흥얼거리며 황복사지를 찾았다.

  그러나 아직 황복사지 주위는 황량하다. 단지 삼층석탑만이 외로이 자리를 지키고 있는데 빈터에 생긋 웃고 있는 노란 민들레꽃이 필자를 반긴다.

  그런데 요즈음 우리 주위에서 볼 수 있는 민들레는 거의가 외래종이다. 꽃받침을 보고 외래종과 토종을 구별할 수 있다. 외래종은 꽃받침이 아래로 뒤집혀 있는데 토종은 꽃을 감싸고 있어 토종이 꽃받침으로서 제 역할을 제대로 하고 있는 셈이다.

젊어서 한때 읽은 적이 있는 무협지에 경신술(輕身術)이라는 것이 있었다. 이 술법은 글자 그대로 몸을 가볍게 할 수 있는 것으로 눈을 밟아도 흔적이 남지 않은 답설무흔(踏雪無痕), 풀을 밟아도 풀이 눌리지 않는 것은 물론 풀이 휘는 약간의 반동을 이용해 날아가는 초상비(草上飛), 수면을 밟고 달리는 등평도수(登萍渡水), 마치 허공에 계단이 있는 것처럼 날 수 있는 능공허도(凌空虛渡) 등이 있었다. 능공허도의 경지에 이르면 하늘을 나는 신선이나 다름없다.

『삼국유사』「의해」편 '의상전교' 조에 능공허도의 비법을 구사한 의상 스님의 이야기가 있다.

스님이 황복사에 있을 때 무리와 함께 탑을 돌았는데, 그때마다 계단을 밟지 않고 허공으로 올라갔다. 그래서 이 탑에는 사다리가 설치되지 않았으며 그 무리도 층계에서 3자[三尺]나 떨어져서 허공을 밟고 돌았다. 의상이 무리를 돌아보며 말했다.
"세상 사람들이 이를 보면 반드시 괴이하다고 할 것이니 세상에 알릴 일이 아니다."

의상 스님은 이곳 황복사에서 출가하였다. '해동화엄(海東華嚴)의 초조(初祖)'라는 별칭처럼 화엄사상의 발전과 보급에 큰 역할을 한 것으로 알려졌지만, 이 기록에 의하면 신비한 능력까지 갖추고 있었던 것이다.

여기서 또 한 가지 주목할 사실이 있으니, 의상 스님이 계단을 밟지 않고 허공은 돌았다는 언급으로 보아 당시 석탑이 아닌 목탑이 있었을 것으로 추정해 볼 수 있다는 것이다. 하지만 이 절터에서는 목탑의 흔적은 찾아볼 수 없고 국보로 지정된 삼층석탑만 남아 있다.

이중기단에 몸체가 삼층인 황복사지
석탑의 상륜부는 노반만 남아 있다.

의상대사가 당(唐)에 들어가 공부하고 귀국한 것은 나이 46세가 되던 해, 즉 문무왕 10년(670년)이라고 하니 당시 신라의 왕경에는 거의 목탑이 세워지던 시기였다. 그렇다면 의상대사가 올랐다는 탑도 목탑이었을 것이다. 황복사가 창건될 때는 목탑으로 창건되었다가 석탑으로 바뀐 것은 아닐까? 현재 목탑지가 확인되지 않고 있으니 목탑 자리에 석탑을 세웠거나 아니면 확인이 되지 않은 어딘가에 목탑이 있었고 석탑이 추가로 건립된 것은 아닐까?

현재 국립경주박물관에 보관하고 있는 유물 중에, 1937년경 낭산 동쪽 기슭에서 수집한 명문(銘文)이 있는 기와 조각이 있다. 이것은 당시 부산에 거주하였던 일본 사람이 소장하였던 것으로 알려져 있는데, 기와 뒷면에 '皇福寺'라 음각되어 있다.

이 기와 조각은 비록 발견 지점이 확실하지는 않으나 낭산 동쪽 기슭에 황복사가 있었다는 전설의 근거를 제공하는 유물이다.

또 동국대 경주캠퍼스 박물관에도 낭산 어디쯤인지 발견지점이 확실하지는 않으나 '王福'이라 음각되어진 기와조각이 있는데, 왕분사(王芬寺)가 분황사(芬皇寺)의 다른 이름인 것으로 보아 왕(王)과 황(皇)이 같은 뜻을 가졌다고 보면 이 기와조각은 황복사의 위치를 알려주는 근거가 될 수 있겠다.

『동경통지』에는 황복사지는 낭산의 동쪽에 있는데 삼중석탑(三重石塔)에 팔부중상이 조각되어 있다고 하였다. 하지만 이곳 석탑에는 팔부중상의 조각이 없고 위치도 낭산의 동쪽이 아니다. 국립경주박물관에 있는 명문이 있는 기왓조각의 발견지점도 낭산의 동쪽이라고 하는데 황복사지 삼층석탑의 정확한 위치는 낭산의 북쪽이다.

> 탑돌이는 스님이 염주를 들고 탑을 돌면서
> 부처의 큰 뜻과 공덕을 노래하면
> 신도들이 그 뒤를 따라 등을 밝혀 들고 탑을 돌면서
> 극락왕생(極樂往生)을 기원하는 불교의식이다.
> 의상대사께서는 이곳 황복사에서

허공에서 탑돌이를 했다고 하는데
우리 같은 범인들은
꿈도 꿀 수 없는 일이다.

그러나 탑돌이를 하지 않고도
누구나 마음만 먹으면
쉽게 공덕을 지을 수 있다는 이야기가 있다.

신통력을 가진 한 도사가
동자와 함께 살고 있었다.
어느 날 도사는 그 동자의 수명이
이제 7일밖에 남지 않았음을 알았다.
만일 여기서 죽으면
부모는 틀림없이 자기가 동자를 죽게 했다고 하여
원한을 품게 될 것이라고 생각했다.

도사는 고민을 거듭하다가
동자를 불러놓고 말했다.
"너는 집으로 돌아가서 부모님을 뵙고
여드레가 되는 날 오도록 해라."

동자가 집으로 가는 도중에 큰비를 만났다.
마침, 땅에 개미구멍이 있었는데
빗물이 구멍으로 들어가려 하자

동자는 구멍을 흙으로 막아 주었다.
그리고 8일째 되는 날 아침에
스승에게로 돌아왔다.
스승이 멀리서 동자가 오는 것을 보았다.

7일 만에 죽어야 할 아이가
멀쩡하게 살아 있는 것이 아닌가!
스승이 곧 삼매에 들어가 관찰해 보니
동자가 개미를 구해 주었기에
수명이 늘게 되었음을 알게 되었다.
"너는 큰 공덕을 지었는데
너 자신은 그것을 알고 있느냐?"
"7일 동안 집에만 있었고
다른 공덕을 지은 일이 없습니다."
"너의 수명은 벌써 끝났어야 했는데
엊그제 개미를 구해 주었기 때문에
지금 너의 수명이 늘어났느니라."

텃밭을 가꾸고 있는데
개미들이 작물을 해치고 있다는 생각에
개미를 없애기 위해 여러 가지 방식으로 방제를 해도
쉽게 퇴치가 되지 않는다.
이 글을 보니 큰일 날 일을 한 것이다.
내가 내일까지 숨을 쉬고 있을지 모르겠다.

• 구황리 삼층석탑에서 황복사지 삼층석탑으로

석탑 앞에 세워진 안내판에는 '경주 황복사지 삼층석탑'이라고 되어 있으나, 석탑의 뒤에 있는 또 다른 표지석에는 '경주 구황리 삼층석탑'이라고 적혀 있다.

이 석탑이 있는 곳의 행정 구역이 구황리이기 때문에 '구황리 삼층석탑'이라고 하다가 부근에서 수습된 기왓조각과 석탑 안에서 나온 사리함 뚜껑에 새겨진 명문의 판독 결과에 따라 '황복사지 삼층석탑'으로 그 명칭이 바뀐 것으로 보인다.

탑은 드물게 석가탑이나 다보탑 등으로 불리기도 하지만, 보통 절 이름(절터만 남아 있는 경우는 그 절터 명, 절 이름도 알 수 없는 경우는 마을 이름)과 층수 및 재료 순으로 명명하고, 층수를 알 수 없는 경우에는 층수를 생략하여 탑의 명칭을 정하게 된다.

이 탑은 높이 7.3m인데 노반만 남고 상륜부는 없다. 이 탑뿐만 아니라 우리나라 대부분의 탑은 상륜부를 잃어 버렸다. 누군가에 의해 훼손되었거나, 혹은 벼락이라도 맞았는지 어쨌든 그 오랜 세월을 지켜오기가 힘에 벅찼는가 보다.

하층기단은 면석과 갑석이 각각 8매인데, 각 면에는 우주(隅柱, 양쪽 모서리기둥)와 2주의 탱주(撑柱, 버팀기둥)가 새겨져 있으며, 갑석 상면에는 호형(弧形)과 각형(角形)의 2단 굄이 있고, 그 위의 상층기단을 받치고 있다.

상층기단의 면석도 8매인데, 각 면에는 하층기단과 마찬가지로 우주와 탱주가 새겨져 있다. 4매의 판석 위를 덮은 갑석 아래에는 부연(副椽, 처마 밑에 덧얹어 건 짤막한 서까래)이 있으며, 갑석 위로는 2단의 각형 굄대가 있어, 그 위의 탑신부를 받치고 있다.

탑신부는 옥신과 옥개석이 각기 하나의 돌로 조성되어 있는데, 옥신에는 네 면에 각각 우주가 있다. 옥개석의 받침은 5단이고 옥개석 위로는 2단의 각형의 굄이 있어 그 위층의 옥신석을 받치고 있는데, 이러한 양식은 신라 석탑의 독특한 점이다.

옥개석 위 낙수면은 평평하고 4면의 합각이 예리하며, 귀퉁이가 약간 올라가 전체적으로 경쾌한 모습이다.

탑의 전각 양면에는 풍탁(風鐸, 작은 종)을 매달았던 구멍이 뚫려 있는 것을 볼 수 있다. 살랑살랑 불어오는 봄바람 속에 경쾌하게 울리던 풍탁소리가 들리는 듯하다.

이 석탑은 감은사지삼층석탑이나 고선사지삼층석탑보다 그 크기가 작다. 1942년 수리를 하면서 장문의 명문이 새겨진 금동사리함과 함께 금제 불상 2구를 비롯하여 많은 장엄구가 발견되었다. 사리함의 명문에 의하면 이 탑은 692년(효소왕 1)부터 706년(성덕왕 5) 사이에 건립되었음을 알 수 있다.

황복사에 대해서는 일제강점기 조선총독부에 의해 1928년에 부분적인 조사를 하고 또 1968년 한국일보사가 주관한 삼산오악학술조사단에서 절터의 일부를 발굴하였으나 아직 가람배치 등 전체 모습이 밝혀지지 않았다.

석탑의 동남쪽에 귀부 2좌가 파손된 채 논둑에 묻혀 있는데 그 중

남쪽 귀부의 귀갑에 글자 '王'이 새겨져 있어 왕의 비좌로 추정된다. 그렇다면 나머지 하나는 사적비(寺跡碑)가 아니었을까?

귀부는 석탑 동쪽 논둑에 남북으로 약 15m 떨어져 있는데,
남쪽 귀부 귀갑에 '王' 자가 새겨져 있다(좌).
당간지주의 일부로 추정되는 석재는 동쪽으로 약 180m 떨어진 논둑 위에 있다(우).

『삼국사기』에는 692년 신문왕을 낭산 동쪽에 장사 지내고, 924년 경명왕을 황복사 북쪽에 장사 지냈다는 기록이 있다. 그렇다면 '王' 자가 새겨진 비좌는 두 왕 가운데 한 분의 비좌일 것으로 추정된다.

문화유산과 관련된 글을 쓰자면 반드시 현장을 눈으로 확인해야 한다. 귀부는 몇 차례 답사하면서 익히 알고 있었으나 당간지주는 최근 두 차례 답사하면서 지역 주민들에게 행방을 물었으나 아는 사람이 없었다. 특히 젊은 사람들은 아예 관심이 없다. 이리저리 헤매는데 마침 마을 노인들이 어느 집 마당에 둘러앉아 있다. 당간지주라고 하면 잘 모를 것 같아 큰 돌 막대가 있는 곳을 아는지 물었다. 마침, 70대로 보이는 할머니가 뛰어나와 상세하게 가르쳐 주어 겨우 찾을 수 있었다.

'노인 한 사람이 죽으면 도서관 하나가 불타 없어지는 것과 같다.'라는 아프리카 속담이 있다. 노인은 그 마을의 도서관이자 박물관임을 확인할 수 있었다.

당간지주의 일부로 추정되는 석재는 삼층석탑에서 남쪽으로 180여m

떨어진 논둑에 있었다. 또, 민가 몇 곳에서는 건물의 초석이 눈에 띈다. 당간지주로 추정되는 석재가 옮겨진 것이 아니라면 당시 황복사 입구는 사찰의 동편이었을 것이다.

• 삼층석탑 안에서 순금 불상이 출토되다

황금은 가장 귀한 금속이다. 그래서 부처님을 금인(金人) 또는 금선(金仙)이라고 하고 부처님의 가르침을 금구(金口), 부처님을 모신 건물을 금당(金堂)이라고 한다. 우리나라에서는 고려 때 선종이 성행한 이후 금당 대신 법당이라고 부르게 되었는데, 이웃 중국이나 일본에서는 아직도 금당이라는 말이 일반적으로 많이 쓰이고 있다.

불상을 금으로 제작한다는 것은 현실적으로 무리였다. 그래서 구리나 청동으로 불상을 조성한 다음 금으로 도금을 한다. 금이 귀해서 그런 것만 아니고, 그보다는 순금으로 불상을 조성하기가 매우 어렵고 까다롭기 때문이다.

지금까지 경주에서 발견된 순금 불상은 이곳 황복사지 삼층석탑에서 출토된 단 2구뿐이다. 두 번째 순금 불상으로 알려졌던 나원리 5층 석탑의 불상은 나중에 금동불상임이 드러났다.

1942년, 이 탑을 해체하여 복원할 때 2층 지붕돌[옥개석(屋蓋石)] 안에서 금동 사리함이 발견되었다. 뚜껑에는 1cm 크기의 음각 해서체로 새겨진 명문이 있었는데, 효소왕 원년(692년)에 왕이 어머니인 신목 태후와 함께 아버지 신문왕을 위해 3층 석탑을 건립하였다고 하였다. 이때 순금여래입상을 탑 속에 봉안하였던 것으로 보인다.

이후 33대 성덕왕 5년(706)에 6치[寸] 크기의 순금으로 된 아미타여래상 1구와 『무구정광대다라니경(無垢淨光大陀羅尼經)』 및 불사리(佛舍利) 4과를 함께 넣었다고 하나, 실제로 발견된 유물은 좌상의 불상과 그 이전에 넣은입상의 불상을 비롯하여 은과 동의 고배(高杯), 많은 유리구슬, 팔찌, 금실 등의 유물이 함께 들어 있었다.

황복사지 삼층석탑 안에서 나온 금제여래입상(좌)과 금제여래좌상(우)은 각각 국보로 지정되어 있다.

순금여래좌상은 아미타여래인데 6치라는 기록과는 달리 실제 크기는 12.2㎝로, 4치도 되지 않는다.

그런데 다른 공양품들은 명문의 내용과 대체로 일치하지만, 그동안 『무구정광대다라니경』은 발견되지 않은 것으로 알려졌었다. 그러나 최근 석탑 보수에 참여했던 분의 증언을 통해 대나무로 엮어 만든 경전의 존재가 확인되었다. 이에 현재까지는 이 황복사지 삼층석탑이 『무구광정대다라니경』을 봉안한 우리나라 최초의 탑이다.

이곳 삼층석탑이 '구황리 삼층석탑'에서 '황복사지 삼층석탑'으로 개명했음에도 이 석탑에서 발견된 불상 2구는 문화유산청에 각각 '구황동 금제여래좌상' '구황동 금제여래입상'으로 등록되어 있다.

국보로 지정된 금제여래좌상은 신광과 두광이 합쳐진 광배(光背)와 불신(佛身), 대좌(臺座)의 3부분으로 되어 있으며 각 부분은 분리가 된다. 민머리 위에는 상투 모양의 머리[육계(肉髻)]가 큼직하게 솟아 있으며, 얼굴은 전체적으로 둥근 편이다. 미소를 띤 얼굴에 눈·코·입은 뚜렷하고 균형이 잡혀 있다. 어깨는 넓고 당당하며, 양어깨를 덮은 대의는 가슴을 크게 벌리고, 그 안에 대각선으로 내의를 걸쳐 입었다. 불상이 앉아 있는 대좌에 흘러내린 옷자락은 좌우대칭으로 정돈되어 길게 늘어져 있다. 오른손은 어깨높이로 들어 손바닥을 보이고 있고, 무릎 위의 왼손은 손끝이 땅을 향하도록 하여 손등을 보이고 있다. 두광은 연꽃무늬를 중심으로 인동초·당초무늬·덩굴무늬를 새기고, 그 가장자리에 불꽃무늬가 맞뚫림조각[투각(透刻)] 되어 있고, 신광은 인동초·당초무늬와 덩굴무늬를 이중으로 뚫을새김 하였다. 대좌는 원형이며 엎어 놓은 연꽃무늬[복련(覆蓮)]가 새겨져 있다.

국보로 지정된 금제여래입상은 광배와 대좌를 모두 갖추고 있으며, 민머리에 육계는 높지 않으나 큼직하다. 머리 뒤에는 보주형(寶珠形) 두광이 꽂혔는데, 한가운데 연꽃을 중심으로 불꽃 모양이 정교한 맞뚫

림조각으로 되어 있다. 얼굴은 갸름한 편이나 두 볼에 살이 올라 있고, 눈은 정면을 바라보고 있으며 콧날은 날카롭고 입가에 엷은 미소를 띠고 있다. 목에는 삼도가 없고 어깨는 약간 좁은 편이다. 양어깨와 앞가슴을 모두 덮은 통견(通肩)의 법의는 매우 투박한 느낌을 주며, 상의 정면을 축으로 하여 여러 겹의 U자형 주름이 나 있고, 치마[군의(裙衣)]의 밑은 좌우로 약간 퍼져있다. 오른손은 시무외인(施無畏印)을 취하고, 왼손은 옷자락을 움켜쥐고 있다. 대좌는 따로 만들어 끼운 것으로 겹겹의 연잎이 아래로 향한 연화대좌로 그 밑에 다시 12각의 받침이 붙어 있다.

이 두 불상은 현재 국립중앙박물관에서 소장하고 있다. 언젠가는 고향인 경주로 돌아와야 하지 않을까?

황복사지 3층석탑에서 나온
입상과 좌상 2구의 금동제 불상 중
입상은 존명이 확실하지 않으나
좌상은 아미타여래로 밝혀져 있다.

아미타여래가 부처가 되기 이전 법장비구였을 때
48가지 소원을 세우고 수행을 정진하여
마침내 아미타 부처님이 되었다.
이때가 지금으로부터 10겁 전의 일이다.
1겁은 한 세계가 만들어졌다가
완전히 파괴되기까지 걸리는 시간이다.

지금도 아미타불은 극락정토에서
설법을 계속하고 있다고 한다.

『정토삼부경(淨土三部經)』의 하나인
「무량수경(無量壽經)」에 의하면
극락정토에 태어나는 것은 어렵지 않다.

다음은 「무량수경」 18원인 십념왕생원(十念往生願)이다.

設我得佛(설아득불)
    만약 제가 부처가 될 적에
十方衆生(시방중생)
    시방세계의 사람들이
至心信樂(지심신락)
    진심에서 믿고 원하며
欲生我國(욕생아국)
    틀림없이 정토에 왕생한다는 편한 마음으로
乃至十念(내지십념)
    나무아미타불 염불을 열 번만 하여도
若不生者(약불생자)
    만약 정토에 태어나지 못한다면
不取正覺(불취정각)
    저는 차라리 부처가 되지 않겠습니다.

평소 극락왕생에는 어림없는 생활을 하고 있었는데
다행히 경전에 의하면
乃至十念(내지십념) 즉
나무아미타불 염불을 열 번만 하여도
극락정토에 태어날 수 있단다.

일단 '나무아미타불'을 10번 염송하였다.
이제 죽음에 이르더라도
크게 염려할 것이 없겠다는 생각이 든다.

낭산 아래에 미완성 왕릉이 있다?

❄ 양택(陽宅)은 살아있는 사람의 집이고, 죽은 사람의 집을 음택(陰宅) 또는 유택(幽宅)이라고 한다. 묘지는 죽은 사람의 유골(遺骨)이 편히 쉬고 있는 집으로 보아야 한다. 음덕(陰德)이 서려있는 조상의 유택을 수호하고 관리하는 것은 자손으로서 당연한 도리이다.

언제부터인가 조상의 유택을 관리하는 것이 어려워지면서 산 사람이 편리한 쪽으로 바뀌어 가고 있다. 묘를 관리하는 것이 힘이 든다고 하여 조상의 유택을 파묘(破墓)하여 화장을 하는가 하면 유골을 한군데 모아 집묘(集墓)를 하여 관리하는 가문이 늘어나고 있다. 조상께서 섭섭해하실 것만 같다.

그런데 신라 때 왕릉을 조성하다가 그만둔 특이한 사례가 있다.

황복사지 삼층석탑에서 남쪽으로 135m 떨어진 이 일대에는 오래전부터 석재 유물이 지면 위에 노출돼 있었다. 학계에서는 신문왕릉이나 성덕왕의 왕비이자 경덕왕의 모후인 소덕왕후릉, 민애왕릉 등과 비슷한 급의 폐왕릉지일 것으로 보고 있었다. 이에 대해 고 이근직 교수는 소덕왕후 또는 남편이 화장한 후 산골 한 까닭에 합장할 능이 존재하지 않았던 효성 왕비이자 경덕왕의 형수인 해명 부인 김씨의 능일 가능성을 피력한 적이 있다.

지난해 성림문화유산연구원이 이곳을 발굴하면서 탱석, 면석, 지대석, 갑석, 미완성 석재 등 신라 왕릉에서 주로 사용되는 유물과 그 주변으로 8~9세기의 건물지와 담장, 회랑지, 도로 유구 등이 확인되었다.

왕릉을 조성하다가 중단된 것으로 추정되는 지름 약 22m 규모의 가릉(假陵) 석조 유구

현재 발굴된 석재 대부분은 주로 신라 왕릉에 사용되었던 것이다. 갑석과 지대석, 면석과 탱석으로 추정해 본 왕릉의 지름은 약 22m로, 내남 부지에 있는 전(傳) 경덕왕릉(재위, 742~765년)과 비슷한 규모이다. 조사 결과, 왕릉 관련 석재 다수가 미완성으로 출토된 점, 후대에 조성된 8~9세기 건물지 시설에 재활용된 점, 석실 내부를 만들기 위한 부재가 확인되지 않은 점, 탱석의 십이지신상이 잘려 나간 점 등 여러 정황으로

판단할 때, 당시 왕을 위하여 사전에 왕릉을 준비하던 도중 어떠한 사유인지 축조공사를 중단하였던 가릉(假陵) 석물로 추정된다. 가릉은 왕의 죽음이 임박해 사전에 능침을 만들어 두는 무덤을 말한다.

일부 학계에서는 가릉 주인공은 출토된 십이지신상 형식으로 볼 때, 성덕왕의 둘째 아들이자 경덕왕의 형인 효성왕(재위 738~742)으로 추정한다. 『삼국사기』에 제34대 효성왕을 사후 법류사 남쪽에 화장하고 유골을 동해에 뿌린 것으로 기록되어 있다. 『삼국유사』「왕력」편에도 같은 내용의 기록이 있다.

효성왕 생전에 능을 조성하다가 왕의 유언, 또는 특별한 사정이 있어 그만둔 것이었을 것으로 보는 것이다.

또 이 가릉과 황복사지 삼층석탑 사이를 발굴한 결과 8~9세기에 조성된 것으로 추정되는 건물지와 담장, 회랑지, 도로(너비 16~17m) 등이 확인됐다.

이와 함께 연화보상화문(蓮花寶相華文) 수막새, 귀면와(鬼面瓦, 도깨비기와), '습부정정(習部井井)', '습부정정(習府井井)'과 '정원사(鄭元寺, '鄭' 자는 확실하지 않음)'명 명문기와 등 유물 300여 점이 출토됐다.

이 유물이 출토된 건물지는 일반적으로 신라 왕경에서 확인되는 주택이나 불교 사원 건축과는 차이가 있어서 관청이나 특수한 용도의 건물로 추정된다.

불교 관련 유물은 나오지 않고, 관청명으로 추정되는 '습부정정(習部井井, 習府井井)'이라고 적힌 명문기와 등의 유구로 봐서 신라 왕경의 행정 조직 중 하나로 알려진 습비부(習比部)와 관련된 관청이었을 가능성도 추정해 볼 수 있다. 습비부와 관련하여 『삼국사기』「신라본기」에 제3대 유리왕 9년 '명활부를 습비부로 고쳤다'는 기록이 있다.

도로 유구는 현재까지 신라 왕경 내 조사된 다른 도로보다 구조적으로 튼튼하고 잘 만들어졌는데, 왕경의 남북대로와 동서대로의 너비가 약 16~17m 정도인 점으로 볼 때, 왕경의 방리(坊里) 구획에 의해 연결된 도로이거나 황복사지 사역(寺域)이나 왕릉을 조성하기 위해 대형의 미완성 석재를 이동하기 위한 특수 목적으로 가설되었을 가능성도 있다.

이러한 발굴조사 결과 학계에서는 앞으로 통일신라 시대의 왕릉 축조 과정과 능원 제도를 비롯한 신라 왕경 연구에 있어 매우 중요한 자료가 될 것으로 보고 있다.

> 꽃은 반쯤 핀 꽃이 보기에 좋고(花看半開),
> 술은 적당히 취하는 것이 좋다(酒飮微醉)는 옛말이 있다.
> 술이란 것이 한 잔은 딱 맞고 두 잔은 많지만
> 석 잔은 부족하다고 했다.
> 술잔은 작고 얕아도
> 그 술잔에 빠져 죽은 사람이
> 바다에 빠져 죽은 사람보다 많다고도 한다.
> 또 장아함경에 의하면
> 술을 마시는 사람은 6가지를 잃어버린다(六失)고 한다.
> 첫째, 재물을 잃어버리고,
> 둘째, 질병을 낳고,
> 셋째, 남과 싸우고,

넷째, 악명을 퍼뜨리고,
다섯째, 분노로 폭행을 하고,
여섯째, 지혜가 날로 소실된다.
이와 같은 폐해에도 불구하고
술을 즐기는 사람은 별로 줄어들지는 않는 것 같다.

술을 무척 즐기던 은사 한 분이 계셨다.
늘 친구들과 술을 즐기셨는데
이사 가는 날까지도 밤늦게까지 마셨다고 한다.
그런데 아뿔싸! 이사를 한 집이 어딘지 모르셨던 것이다.
이 동네 저 동네, 이 집, 저 집을 기웃거려 보았으나
서울 김 서방네 집 찾기보다 더 어려웠다.
얼핏 사모님으로부터 어느 동리로 간다는
희미한 기억을 더듬어
그 동네 골목골목을 누비며 아들 이름을 외쳤다.
"○○야!"
어느 집에선가 대답하는 소리가 들렸다.
"예!"
그래서 새로 이사 간 집을 찾을 수 있었다나.

이 미완성 왕릉의 망자가 혹 옮긴 능을 찾지 못해
여러 날을 방황하신 것은 아니었을까?
하지만 공연한 걱정일지도 모른다.
귀신같이 안다고 하지 않는가.

술 이야기를 하나 더 덧붙인다.
교과서에 실린 '승무'라는 시로
모르는 사람이 없는 조지훈은
술 마시는 사람들에게 이렇게 등급을 부여했다.

주졸(酒卒): 술의 진경(眞境)을 배우는 사람.
주도(酒徒): 술을 취미 삼아 마시는 사람.
주객(酒客): 술의 진미에 반한 사람.
주호(酒豪): 술의 진경을 터득한 사람.
주광(酒狂): 주도(酒道)를 수련하는 사람.
주선(酒仙): 주도 삼매(三昧)에 든 사람.
주현(酒賢): 술을 아끼고 인정을 아끼는 사람.
주성(酒聖): 마셔도 그만 안 마셔도 그만, 술과 더불어 유유자적
         하는 사람.
주종(酒宗): 술을 보면 즐거워하나 마실 수 없게 된 사람.

필자는 아직도 가끔 술을 마신다.
주졸은 넘은듯하고
주도, 주객의 경지를 넘나든다.
그 이상의 등급은 언감생심이다.

망덕사에 3편의 이야기가
전해오고 있다

이봉주의 시 '폐사지에서'를 읊조리며 망덕사지를 찾는다.

부처가 떠난 자리는 석탑만 물음표처럼 남아 있다.
귀부 등에 가만히 귀 기울이면
아득히 목탁 소리 들리는 듯한데,
천 년을, 이 땅에 새벽하늘을 연 것은
당간지주 둥근 허공 속에서
바람이 읊는 독경 소리였을 것이다.

천 년을, 이 땅에 고요한 침묵을 깨운 것은
풍경처럼 흔들리다가
느티나무 옹이진 무릎 아래
떨어진 나뭇잎의 울음소리였을 것이다.

붓다는 '없는 것이 있는 것이다.' 설법하였으니
여기 절집 한 칸 없어도 있는 것이겠다.

그는 풀방석 위에 앉아 깨달음을 얻었으니
불좌대 위에 풀방석 하나 얹어 놓으면 그만이겠다.

여기 천년을 피고 진 풀꽃들이
다 경전이겠다.
옛집이 나를 부르는 듯
문득 옛 절터가 나를 부르면,
천 년 전 노승 발자국 아득한데
부처는 귀에 걸었던 염주 알 같은 생각들을
부도 속 깊게 묻어 놓고 적멸에 드셨는가?

발자국이 깊다.

절이 흩어지고 난 뒤 남은 빈터인 폐사지(廢寺址).
과거 화려했던 영화와 위엄은 사라지고 없지만,
당시 사부대중의 간절했던 불심(佛心)만큼은
망덕사지 여기저기에 오롯이 담겨있다.

유홍준은 '나의 문화유산 답사기'에서
"폐사지 답사는 절집 답사의 고급과정으로
답사객이 느낄 수 있는 최고의 행복감"이라고 했다.

필자는 망덕사지에서 최고의 행복감은 언감생심
통일 직후 당나라에 시달리던

옛 신라 사람들의 처지를 생각하니
발길이 무겁다.

하지만 정신을 가다듬고
우선 이곳 망덕사에서
전해오는 3편의 이야기를 찾아보자.

• 목탑지 심초석 사리공에는 푸른 하늘이 담겨 있다

지난가을부터 겨울에 이르기까지 몹시 가물었다. 보문호는 물론 경주 시민들의 식수원인 덕동호가 바닥을 드러내고 있었다. 그러다가 봄이 되면서 날씨가 순조롭다.

중국 한대(漢代)의 사상가 왕충(王充)의 『논형(論衡)』에 이런 구절이 있다.

'太平之世 五日一風 十日一雨 風不鳴枝 雨不破塊
(태평지세 오일일풍 십일일우 풍불명지 우불파괴)'

태평한 시대에는 5일에 한 번 바람이 불고, 10일에 한 차례 비가 와야 하는데, 바람은 나뭇가지 소리가 나지 않을 정도로, 비는 흙덩이를 부수지 못할 만큼 내려야 한다는 것으로 요즈음의 날씨가 바로 이에 해당한다.

다행히 오늘은 봄의 불청객인 황사도 없어 나들이하기가 참 좋은 날씨이다.

망덕사지는 사천왕사지 남쪽, 배반동 964번지에 있다. 통일전으로 가는 버스를 타고, 화랑교(남천다리)에서 내려 동쪽으로 내를 따라 둑을 걷다 보면 왼쪽 논 가운데 조그만 숲이 보이는데 그곳이 망덕사지이다. 진입로가 없어 논두렁을 타고 들어가야 한다.

사적으로 지정된 망덕사지는 금당지를 중심으로 그 앞쪽 동·서 방향으로 목탑지가 있는데 통일신라시대의 전형적인 쌍탑식 가람배치를 보여주고 있다. 금당지 남쪽으로 중문지가 있고, 금당지의 북쪽으로 강당지가 있으며 이들을 둘러싸는 회랑지가 있다. 금당의 좌우로는 익랑지가 있으며 중문지의 남쪽에 계단 터가 있고, 그 서쪽에는 보물로 지정된 당간지주가 있다.

2013년에는 이 일대 정비를 위하여 시굴조사를 실시하였는데, 강당지의 위치를 추가로 확인하였으며, 고려시대 초기까지 사찰이 존속하였음이 밝혀졌다.

망덕사의 금당지는 과거에 경작으로 인하여 초석 등 유구가 교란된 상태인데 초석 주변으로 기와 조각이 많이 흩어져 있다. 금당은 남아 있는 초석을 기초로 하여 살펴보면 정남향으로 정면 5칸, 측면 3칸의 건물로 추정된다. 초석의 배치 상태를 살펴보면 북편 뒤쪽에 일렬로 6개가 일정한 간격으로 남아있고, 그 앞에는 4개의 초석이 다소 교란된 채 있으며, 다시 그 서쪽 전면에 또 하나의 초석이 있다.

동·서목탑지는 중심에 위치한 심초석을 기준으로 할 때 33m의 거리를 두고 좌우로 대칭을 이루고 있다. 마침, 어제저녁에 온 비로 심초석 사리공에는 물이 가득 고여 있다. 당시의 화려한 사찰의 모습을 상상하며 들여다보니 무심한 푸른 하늘뿐이었다.

동탑지는 초석의 일부가 유실된 것 외에는 양호한 편이다. 발굴조사 결과 목탑의 사방 기단을 구성하는 장대석렬과 계단지가 확인되었다. 팔각으로 된 심초석 중앙에 위치한 사리공의 형태는 이중으로 된 사각형이다. 1단 부분은 사리공을 덮었던 뚜껑이 놓였던 것으로 추정된다. 동탑으로 올라오는 계단은 3곳에서 확인이 되고 있는데 계단석은 3단이다.

망덕사의 금당은 정남향으로 현재 초석이 일부 교란된 상태이다(좌).
동탑지의 초석은 비교적 잘 남아 있다(중).
서탑지는 현재 심초석 1매만 노출되어 있다(우).

   서탑지는 경작 등에 의해서 기단의 대부분이 유실되어 현재 심초석 1매만 노출되어 있다. 발굴조사 결과 남쪽에서 3매, 북쪽에서 1매 등 모두 4매의 지대석이 확인되었고, 심초석은 동탑과 같은 팔각형인데, 사리공의 형태는 방형으로 동탑과 같이 2단으로 되어 있다. 그리고 남쪽 지대석에서 계단과 연결되는 부분이 확인된다.

   동·서탑지 남으로 중문지가 있고, 다시 그 남쪽으로 계단의 흔적이 있다. 이 계단을 통하여 사찰 안으로 출입했을 것이다.

   추정되는 계단 주위로는 발굴이 되지 않아 명확한 용도는 알 수 없으나, 윗부분을 도드라지게 둥글게 장식한 팔각석주와 소맷돌로 추적되는 삼각형의 석조물들이 흩어져 있다.

• 망덕사를 지어 당나라 사신을 속이다

악명을 떨치던 구소련의 공산당 서기장 후르시초프가 딱 한 번 바른 말을 한 적이 있다.
"정치가란 시냇물이 없어도 다리를 놓겠다고 허풍을 떠는 사람이다."
정치가가 허풍을 떨고 사기를 치는 것은 당연하다는 것이다.
곧 지방선거가 있다. 출마자들이 모두 후르시초프가 아니기를 바라지만 그럴 것 같지 않다.

신라 때 국가 차원의 사기사건이 있었다. 당시 신라 사람들은 이런 생각을 했을 것 같다.
"개인이 속여 이득을 취하면 사기이고, 국가 차원의 사기는 애국이다."

신라가 문두루비법으로 두 차례에 걸쳐 당나라 군사를 물리치고 평온을 되찾아갈 무렵이었다. 한림랑 박문준은 김인문과 함께 당나라 옥중에 있었다. 하루는 당 고종이 문준을 불러서 물었다.
"너희 나라에는 무슨 비법이 있기에 우리가 두 번이나 대병(大兵)을 내었는데도 한 명도 살아서 돌아오지 못하게 되었느냐?"
당시 당나라서는 신라를 치기 위해 군사를 동원했으나 풍랑으로 배가 침몰하는 바람에 제대로 싸워보지도 못하고 출병한 군대가 전멸하였다. 당 고종은 심사가 몹시 불편해서 따지자 문준이 이렇게 말했다.
"저희 신하들이 당나라에 온 지 10여 년이나 되었으므로 본국의 일은 알지 못합니다. 다만 멀리서 한 가지 일만을 들었을 뿐입니다. 우리 신라가 상국(上國)의 은혜를 두텁게 입어 삼국을 통일하였기에 그 은덕을 갚으려고 낭산 남쪽에 새로 천왕사(天王寺)를 짓고 황제의 만수를 빌기 위해 법석(法席)을 오래 열었다는 사실만 알고 있습니다."

고종은 이 말을 듣고는 곧바로 예부시랑 악붕귀(樂鵬龜)를 사신으로 보내어 그 절을 살펴보도록 했다. 신라왕은 당나라 사신이 온다는 사실을 먼저 알고 이 절을 사신에게 보여서는 안 될 것이라고 하여 그 남쪽에 따로 새 절을 지어 놓고 기다렸다. 사신이 도착하자 이 절로 사신을 안내하였다.

사신은 절 앞에 서서 주위를 둘러보고는 안으로 들어가지 않고 이렇게 말했다.

"부시사천왕사(不是四天王寺) 내망덕요산지사(乃望德遙山之寺)."

이에 대한 해석이 조금 다른데, '이는 사천왕사가 아니라면서 이내 덕요산의 절을 바라보았다.'로 이해를 하는가 하면 또 다른 이들은 '이는 사천왕사가 아니라 망덕요산의 절이다.'라는 의미로 해석을 한다.

'덕요산'을 바라보았다는 뜻일까, 아니면 이 절이 '망덕요산'이라는 뜻일까? 해석이 분분하다. 하지만 '덕요산'이란 산도 주변에 없고, '망덕요산'의 뜻도 불분명하다. 훗날 이 급조한 절을 '망덕사'로 불렀다는 내용으로 보아 후자의 해석에 무게가 더 실리기도 한다. 그러나 왜 당 사신이 망덕요산의 절이라 했는지, '망덕'이나 '요산'의 의미가 무엇인지는 알 수가 없다.

만약 전자로 이해를 한다면 사신이 절에 들어가지 않고 다른 산 아래에 보이는 절을 보면서 저곳이 진짜가 아닐까 의심했다는 것으로 보면 어떨까? 그렇다면 그 덕요산은 분명 진짜 사천왕사가 있는 낭산이었을 것이다. 낭산을 왜 덕요산이라 불렀는지는 알 수 없으나, 이를 지금은 사라진 낭산의 또 다른 이름으로 본다면 크게 어색할 것이 없다. 현재의 망덕사 뒤쪽으로 바라보이는 산이 낭산이고 그 아래 사천왕사가 있으므로, 결국 '덕요산만 바라보다 갔다'는 뜻으로 망덕사라 한 것이 아니었을까?

어쨌든 악붕귀는 끝내 절 안으로 들어가지 않았다. 이에 신라의 관리들이 금 1,000냥을 주었다. 뇌물을 받은 악붕귀는 당나라로 돌아가 황제에게 이렇게 아뢰었다.

"신라에서는 천왕사를 지어 놓고 황제의 만수를 축원할 뿐이었습니다."

이후 신라왕은 문준이 말을 잘해서 중국 황제도 그를 용서해 줄 뜻이 있다는 소식을 들었다. 이에 강수(强首) 선생에게 명하여 김인문의 석방을 청하는 표문(表文)을 지어 당나라로 보냈다. 황제는 이 글을 보고 눈물을 흘리면서 인문을 용서하고 위로한 후 돌려보냈다고 한다.

통일의 대업을 완수한 문무대왕은 힘과 지혜로, 그도 저도 아니면 뇌물을 써서라도, 나라를 지켰던 것이다.

이 망덕사의 창건 동기와는 상반되는 이야기가 있다. 『삼국사기』 「신라본기」 경덕왕 14년(755) 조에는 당나라 영호징(令狐澄)이 쓴 『신라국기』를 인용하여 망덕사와 관련하여 다음과 같은 이야기를 전하고 있다.

"이곳 망덕사의 두 목탑의 높이가 13층인데 갑자기 움직여 합쳤다 떨어지기를 수일 동안 계속하였다. 탑이 흔들린 까닭은 그해 당나라에 안록산의 난이 일어났기 때문으로 보인다. 신라가 당을 위하여 이 절을 세웠기 때문이다."

당나라를 속인 절이라는 앞의 내용과는 정반대의 이야기이다.

• 효소왕이 망덕사에 온 진신석가를 몰라보다

조선 영조 때의 실학파 학자 홍대용은 훌륭한 목민관(牧民官)이 되려면 긍심(矜心) 즉 뽐내는 마음과 권심(權心) 즉 권세를 쥐고자 하는 마음, 승심(勝心) 즉 매사에 이기고자 하는 마음, 이심(利心) 즉 인간관계에서 절대 손해를 보지 않고 이익만 챙기겠다는 이 사독심(四毒心)부터 버려야 한다고 했다.

옛 신라에 국왕이 허름하게 차려입은 스님에게 오만한 태도로 대하다가 낭패를 당한 일이 있었다. 목민관도 아닌 국왕으로서는 마땅히 가져서는 아니 될 자세였는데….

효소왕 6년(697)에 망덕사를 완성하고 낙성회가 있었다. 왕이 친히 가서 공양하는데, 행색이 누추한 어떤 비구가 몸을 움츠리고 뜰에 서서 말했다.

"소승도 이 재(齋)에 참석하기를 원합니다."

왕이 그에게 맨 끝자리에 앉기를 허락했다. 재가 끝날 무렵 왕은 그를 놀리며 이렇게 말했다.

"그대는 어디 사는가?"

"비파암*에 있습니다."

"이제 어디 가든지 다른 사람들에게 국왕이 친히 불공하는 재에 참

---

* 경주 서남산 비파계곡 위쪽에 있는 바위로 동경잡기에 의하면 바위의 모양이 비파와 같이 생겨서 비파암이라고 한다.

석했다고 말하지 말라."

"폐하께서도 역시 다른 사람에게 진신 석가를 공양했다고 이야기하지 마십시오."

말을 마치자 비구는 몸을 솟구쳐 하늘로 올라가 남쪽을 향하여 가버렸다. 허름하게 차려입은 비구가 바로 부처님이었던 것이다.

비파골을 올라가면 비파암(사진 좌)을 만날 수 있다.
정상 쪽으로 한참을 올라가면 등산로 주위로 탑재가 흩어져 있는 곳을 볼 수 있는데 석가사지(가운데)로 알려져 있다. 비파암 뒤쪽으로 올라가면 기와편이 흩어져 있는 것을 볼 수 있는데 이곳을 불무사지(사진 우)로 추정한다.

왕이 놀랍고, 한편으로는 부끄러워 동쪽 산으로 올라가서 그가 간 곳을 향해 멀리서 절을 하고 사람을 시켜 찾게 하니, 그는 남산 삼성곡 혹은 대적천원이라고 하는 바위 위에 이르러 지팡이와 바리때를 놓고 숨어 버렸다. 사자(使者)가 와서 복명하자 왕은 석가사를 비파암 밑에 세우고, 또 그의 자취가 없어진 곳에 불무사를 세워 지팡이와 바리때를 두 곳에 나누어 두었다. 세월이 흘러 일연스님이 이곳을 찾았을 때 석가사와 불무사는 있으나, 지팡이와 바리때는 없어졌다고 하였다.

경주 시내에서 내남 쪽으로 6km쯤 가면 비파마을이 있다. 이 마을에서 금오산 정상으로 올라가는 골짜기를 비파골이라고 한다. 비파마을에서 비파골로 1.2km쯤 올라가면 왼쪽으로 비파를 세워놓은 듯한 바위를 볼 수 있는데 이 바위가 비파암이다. 여기에서 100m쯤 되는 곳에 높은 축대가 있으니 이곳이 석가사 터이다. 계곡 쪽으로 2기의 3층 석탑이 허물어져 흩어져 있다. 비파암 뒤쪽으로 또 하나의 절터가 있는데 이곳이 바로 불무사 터이다. 절터 아래로 기왓조각이 흩어져 있다.

『삼국유사』 기록에 의하면 신라 땅에는 전불칠처가람이 있었고 자장법사가 문수보살을, 의상 스님은 관음보살을 친견한 적이 있다. 그리고 문무왕 때 분황사의 계집종이었던 광덕의 부인은 관음보살의 응신(應身)이었으며, 경덕왕 때 벼슬이 아간인 귀진의 집에 있는 계집종 욱면은 관음보살의 화신(化身)이었다.

또 이곳 망덕사 낙성회에는 진신석가가 누추한 스님의 모습으로 참여하기도 하였다. 당시 신라는 불보살이 여기저기 모습을 드러내었으니 바로 부처님의 나라였다. 그래서 불국사(부처님 나라의 절)도 있었던 것이다.

• 망덕사 선율 스님이 환생하여 불경을 완성하다

필자가 어린 시절에는 기이한 이야기가 참 많았다. 그 이야기 중에서 가장 무서우면서도 잔뜩 호기심을 일으키는 것이 죽음과 관련한 것이었다.

"어느 집에 초상을 당했었어. 염습을 마치고 입관을 하였는데 갑자기 관이 벌떡 일어서서 모두들 기겁을 했었지. 상주가 여러 차례 관을 눕혀도 그때마다 관이 다시 뻣뻣이 서더라니까. 장정 여러 사람이 관과 시름을 해도 안 되더라는 거야. 나중에 알아보니 지붕 위로 고양이가 한 마리 올라가 있었다더군. 그 고양이를 쫓아버리니 그때서야 관을 제대로 눕힐 수 있었다더군."

"어느 집에 초상을 치르고 며칠 지났는데 죽은 사람이 집으로 찾아왔더라나? 모두 귀신이라고 놀라 도망을 갔었지. 귀신이 아니라고 해도 모두 믿지를 않는 거야. 나중에 알고 보니 진짜 사람이 살아서 돌아온 거라. 사연인즉 장사 지낼 때 평소 고인이 지니고 있던 패물을 같이 묻었는데, 누군가가 그 사실을 알고 패물에 탐을 내어 밤중에 몰래 무덤을 파헤쳤더래. 그런데 시신이 살아 꿈틀거렸다더군. 무덤을 파던 사람은 기겁하고 도망을 가고 묻힌 사람이 집으로 돌아온 거지. 실제 그 사람은 죽은 것이 아니었던 거야."

믿거나 말거나 당시에는 이런 이야기들이 참 많았었다.

이와 비슷한 이야기가 『삼국유사』「감통」편에 있다.

이곳 망덕사 선율(善律) 스님은 시주받은 돈으로 『육백반야경(六百般若經)』을 이루고자 했다. 그런데 이 일이 아직 끝나기 전에 갑자기 저승사자에게 잡혀 명부(冥府)로 가게 되었다.

"너는 인간 세계에 있을 때 무슨 일을 했느냐?"

저승 관리의 말에 선율이 대답했다.

"소승은 만년에 『마하반야바라밀경(摩訶般若波羅密經)』을 이루려 하다가 미처 일을 마치지 못하고 왔습니다."

이에 저승 관리가 말했다.

"너의 수명을 적은 명부에 의하면, 네 수명은 비록 끝났지만 좋은 발원을 마치지 못했다니 다시 인간 세상에 돌아가서 귀중한 불전의 일을 끝내도록 하라."

선율스님이 저승 관리의 말을 듣고 다시 이승으로 돌아오는 도중에 한 여자가 울면서 그의 앞에 와서는 절을 하며 말했다.

"나도 역시 남염주(南閻州)*의 신라 사람이온데 부모가 금강사의 논 1묘(畝, 약 100여 평)를 몰래 빼앗은 일에 연루되어 명부(冥府)에 잡혀 와서 오랫동안 몹시 괴로움을 당하고 있습니다. 이제 스님께서 고향으로 돌아가시거든 이 일을 우리 부모에게 알려서 속히 그 논을 돌려주도록 해주십시오. 또 제가 세상에 있을 때 참기름을 상 밑에 묻어 두었고, 곱게 짠 베를 이불 틈에 감추어 둔 것이 있습니다. 스님께서 부디 그 기름을 가져다가 불등(佛燈)을 밝히시고, 그 베는 팔아 불경 베끼는 비용으로 써 주십시오. 그렇게 해주시면 황천에서도 또한 은혜를 입어 제

---

* 불교의 우주관에 의하면 우주의 중심에 수미산이 있고, 이를 중심으로 동서남북 사방에 사주세계(四洲世界)가 있는데, 그중 남염주는 우리가 살고 있는 곳으로 남섬부주(南贍部洲)라고도 한다.

고뇌를 벗을 수 있을 것입니다."

"그대의 집은 어디 있는가?"

"사량부(沙梁部) 구원사(久遠寺) 서남쪽 마을입니다."

선율이 이 말을 듣고 막 가려고 하는 순간 깨어났다.

선율이 죽어 남산 동쪽 기슭에 장사를 지낸 지 이미 열흘이 지난 뒤였다. 무덤 속에서 사흘 동안이나 외치고 있었는데, 마침 지나가던 목동이 이 소리를 듣고 망덕사에 알려 스님들이 와서 무덤을 파고 그를 꺼냈다.

망덕사로 돌아온 선율은 그 여자의 집을 찾아가서 명부에서 있었던 일을 자세히 이야기했다. 여자가 죽은 지 15년이나 지났는데도 참기름과 베는 예전의 그 자리에 그대로 있었다. 선율이 여자가 말한 대로 명복을 빌어 주니 꿈속에 그 여자의 영혼이 찾아와서 말했다.

"스님의 은혜를 입어 저는 이미 고뇌를 벗어났습니다."

그때 사람들은 이 말을 듣고는 놀라고 감동하지 않는 자가 없었다. 이후 『반야경(般若經)』을 서로 도와서 완성하였다.

이 사실이 기록되어 있던 책은 일연스님의 생전에 실제로 경주의 승사장(僧史藏) 안에 있었는데, 매년 봄과 가을에 그 책을 펴서 돌려가며 읽어 재앙을 물리쳤다고 한다. 승사장은 불교경전을 보관하던 서고로 추정된다.

이 외에도 생사를 넘나든 고승의 이야기가 많이 전해지고 있다.

달마대사는 자신의 몸을 벗어 놓고 바다에 들어갔다가 돌아와 보니 몸이 없어졌다. 산신령이 대사의 몸을 가져간 것이었다. 달마는 자비로운 마음으로 자기 몸을 주어버리고 대신에 반쯤 썩은 송장의 몸을 취해 돌아왔다. 달마의 얼굴이 찌그러지고 흉측한 것은 이 때문이라고 한다.

또, 경덕왕 때 표훈대덕(表勳大德)은 두 차례나 천제(天帝)를 찾아가 왕의 청탁을 전했다는 기록이 있다.

선율 스님은 저승으로 갔다가
이승으로 되돌아왔다.
즉 이승과 저승을 왔다 갔다 한 것이다.

이제 나이가 들고 보니
필자도 저승으로 떠날 날이 머지않은 것 같다.
"내가 죽고 나면 어떻게 되지?"
선율 스님처럼 이승 저승을 왔다 갔다 할 수는 없는 것이다.
그냥 모든 것이 끝난다고 생각해야 하나?

육체는 소멸하지만, 영혼은 불멸하며,
죽은 후 영혼이 다시 새로운 생명으로
태어난다는 생각을 하는 사람들이 있었다.
태어나기 이전의 영혼이 살았던 삶은 전생이라고 한다.
이 사상은 힌두교, 불교에서 유래했다고 알려져 있지만
고대 서구권에서도 환생과 전생의 개념이 존재했다.

고대 그리스의 오르페우스 신앙에서는
육식을 절대 금하고,
신도들에게 채식만 강요했는데,
사람이 죽으면 동물로 다시 태어난다고 믿었기 때문이란다.

플라톤 같은 고대 그리스의 유명한 철학자들도
인간이 다시 태어난다고 주장했다.
또한, 피타고라스는 인간이 죽으면
그 영혼은 콩으로 들어가 잠시 머물러 있다가
다시 다른 인간이나 동물로 태어난다고 믿었다.
그래서 피타고라스는 육식을 금했을 뿐 아니라
콩을 절대로 먹지 않았다고 한다.

프랑스의 선조이기도 한 고루아족은
사람이 죽으면 다시 그 영혼이
다른 태내(胎內)에서 출생한다고 믿었다.
죽어도 몇 년 뒤에는 반드시 이 세상에
다시 태어난다는 것을 모두 확신했기 때문에,
그들은 내세에서 지불한다는 약속으로
돈까지 빌려 쓰는 습관이 있었다.
즉 내세(來世)를 믿었던 것이다.

제2부

선도를 따 먹으면
18만 년을 산다는데…

삼국통일 이전 신라 오악은
신라 중심부인 경주평야를 둘러싸고 있었다.
『신증동국여지승람』「경주부」'산천' 조에 의하면
토함산(吐含山)을 동악,
금강산(金剛山)을 북악,
함월산(含月山)을 남악,
선도산(仙桃山)을 서악이라고 하였다.
그런데 함월산은 경주의 동쪽에 있는데
왜 남악이라 하는지 이해가 되지 않는다.

서악인 선도산 정상에는 마애삼존불입상이 있는데
좌우 협시보살이 관음보살과 대세지보살이다.
그렇다면 가운데 모시고 있는 주존은
그 방향과 협시불로 미루어 볼 때
서방 극락세계를 주관하는 아미타여래이시다.
신라 사람들은 선도산이 서방극락정토라 생각했던 것이다.
훗날 신라 영토가 확대되고 통일을 성취한 뒤인

문무왕 말년 혹은 신문왕 대에 이르러
오악은 동악이 토함산, 서악은 계룡산,
남악은 지리산, 북악은 태백산,
중악은 부악[팔공산]으로 바뀐다.

통일 이전 선도산은 서방 극락세계였다.
또한 선도(仙桃)가 있는 신선의 세계이기도 했다.

부처님과 신선이 함께 있는 선도산
뭔가 잘못되었다는 생각을 할 수도 있겠다.

박웅현은 그의 저서 '여덟 단어'에서 이렇게 말했다.
"답을 찾지 마라. 인생에 정답은 없다.
모든 선택에는 정답과 오답이 공존한다.
지혜로운 사람들은 선택한 다음에
그걸 정답으로 만들어 내는 것이고,
어리석은 사람들은 그걸 선택하고
후회하면서 오답으로 만든다."

어리석은 사람이 되기 싫으니
극락이니 신선이니 하는 생각 떨쳐버리고
채비를 하고 선도산으로 향한다.

❋ 오래 전 초등학교 교과서에 '삼년고개' 이야기가 있었다. 기억을 더듬어 보면 대략 다음과 같은 내용이었다.

산골에 노부부가 살고 있었다. 하루는 할아버지가 장에 다녀오다가 삼년고개에서 넘어지고 말았다. 그곳에서 한번 넘어지면 3년밖에 못 산다는 이야기가 전해지고 있었다. 할아버지는 크게 걱정하다가 결국 병이 되어 자리에 눕게 되었다. 이웃에 살고 있는 아이가 그 소식을 듣고 할아버지를 찾아와 말했다.

"그 고개에서 한 번 넘어지면 3년을 산다고 하니 그곳에 가서 더 넘어지세요. 한 번 더 넘어지면 6년을 더 살고, 또 한 번 넘어지면 9년을 더 살게 되는 겁니다. 삼천갑자(三千甲子) 동방삭도 여기에서 굴렀기 때문에 그렇게 장수할 수 있었습니다."

할아버지는 다시 그 고개로 가서 여러 번 굴러서 오랫동안 살았다는 그런 내용이었다.

그런데 실은 동방삭이 장수를 한 것은 서왕모의 선도(仙桃)를 훔쳐 먹었기 때문이라는 이야기가 있다.

선도는 반도(蟠桃)라고도 하는데 선가(仙家)에서 하늘나라에서 난다고 하는 복숭아다. 이 복숭아는 삼천 년에 한 번 꽃이 피고 그 꽃이 핀 후 삼천 년 만에 열매가 열리며, 그리고 삼천 년이 지나야 먹을 수 있다. 그때가 되어도 색깔이 푸른색이라 벽도(碧桃)라고도 한다. 이 과일을 먹으면 불로장생한다고 알려져 있다. 선도를 먹은 동박삭이 3천 갑자를 살았다고 하니 그의 수명은 60년에 3천을 곱하면 된다.

그 선도가 있는 산이라고 해서 선도산이 된 것이리라.

경주에는 예로부터 세 가지 진기한 보물과 여덟 가지 괴상한 것이 있었다. 이를 삼기팔괴(三奇八怪)라고 한다. 그 팔괴 중의 하나가 '선도효색(仙桃曉色)'이다. 동틀 무렵 선도산에서 바라본 풍경이 절경이라는 것이다. 여러 차례 이곳 선도산을 찾았지만 새벽에 이 산을 올라가 보지 못했다. 그동안 벼러 오다가 오늘 드디어 아침 일찍 집을 나섰다. 도봉서당 뒤에 주차를 하고 산을 올랐다. 바위구멍[성혈(性穴)] 유적 왼편 길로 접어든다. 고창 오씨 제실로 향하는 길이다. 늘 다니던 길이 아니다. 제실 입구까지는 시멘트 포장길이지만, 제실 입구에서부터 정상까지는 오솔길이다. 우거진 수풀을 뚫고 오르는데 이슬로 하반신이 흠씬 젖었다. 옷이 젖은 것은 참을만한데 혹 뱀이 밟히지나 않을까 크게 걱정이 된다. 드디어 정상이다. 그런데 벌써 해가 중천에 있어 '효색(曉色)'의 비경을 허락받지 못했다.

선도산은 경주시 서쪽에 있는 높이 390m로 그리 높지 않은 산이다. 예로부터 서라벌의 서쪽을 지키는 중요한 산으로 서악이라고 했다. 이 외에도 서산, 서술산, 서연산, 서형산 등으로도 알려져 있다. 이 중 서형산은 안강읍의 동쪽에 있는 북형산과의 대칭에서 생긴 이름이다.

이 산에는 선도산 성모가 머물렀다는 전설이 있고, 김유신 장군의 누이동생이 왕비가 된 길몽의 현장이기도 하다. 또 선도산 기슭에는 많은 고분과 절터 등이 있다. 동면의 남쪽에는 태종무열왕릉과 그 위로 4기의 고분이 있고 도로를 사이에 두고 맞은편으로는 김인문과 김양의 묘가 있다. 무열왕릉의 북동쪽으로는 서악서원이 있고, 북쪽으로는 도봉서당, 서악서원과 도봉서당 사이에는 서악동 삼층석탑이 있다. 선도산 정상으로 올라가는 길 주위에는 여러 기의 고분이 있다. 진흥왕릉, 진지왕릉, 문성왕릉, 헌안왕릉이라고 전하고 있으나 능묘의 양식이나 위치, 그리고 역사적인 사실 등으로 미루어 믿을 수 없다. 선도산의 서면으로는 전애공사지와 법흥왕릉이 있고, 산 정상에는 성모사(聖母祠)와 마애삼존불상이 있다.

이 외에도 이 산에는 여러 기이한 이야기가 전해지고 있다.

선도산 성모 유허지에서 내려다본 경주 시내의 모습

3기(奇) 8괴(怪)란 기이한 물건 3가지와
괴상한 현상 8가지를 가리킨다.
이 중에서 어떤 것은 실재하여
현재 남아 있기도 하지만
대부분은 전해오는 이야기로 끝나기도 한다.

우선 기이한 물건 세 가지인 3기(三奇)는
금자(金尺)와 옥피리(玉笛), 화주(火珠)이다.

금자(金尺)는 신라의 시조 박혁거세 왕이
천신(天神)으로부터 얻은 보물이다.
병든 사람을 이 자로 재면 병이 낫고
죽은 사람을 재면 살아난다고 한다.

옥적(玉笛)의 정식 이름은 만파식적이다.
죽어서 동해의 용이 된 문무왕과
김유신 장군의 혼령이
문무왕의 아들인 신문왕에게 보낸 것이다.
이 피리는 장마 때 비를 그치게 하고
가뭄 때는 비를 내리게 하였다고 한다.
더욱 신기한 것은
이 피리가 경주를 한 발짝이라도 벗어나면
소리가 나지 않는다고 한다

화주(火珠)는 분황사 탑에서 나온 것인데
그 빛깔이 마치 수정처럼 맑고 고운 구슬이다.
화주에 광선을 통과시켜
솜을 비추면 솜에 불이 붙었다고 한다.
분황사 탑에서 나온 뒤에
백률사에 보관했다고 하는데
지금은 있는 곳을 알지 못한다.

8괴란 경주에 있는 8가지 괴이한 것으로
남산부석(南山浮石), 문천도사(蚊川到沙),
계림황엽(鷄林黃葉), 금장낙안(金丈 落雁),
백률송순(栢栗松筍), 압지부평(鴨池浮萍),
나원백탑(羅原 五層 石塔), 불국영지(佛國影池)이다.

남산부석은 남산 국사골 능선 위에
버선을 거꾸로 세워놓은 형상의 바위인데
명주실이 바위 아래로 통과하기 때문에
바위가 공중에 떠있다는 이야기가 전해지고 있다.

문천도사는 문천의 물은 위에서 아래로 흐르는데
모래는 물을 거슬러 위로 올라간다고 한다.
문천은 현 남천을 이른다.

계림황엽이란 계림 숲의 나뭇잎이

가을이 아닌 여름인데도 누렇게 단풍이 들었다고 한다.

금장낙안은 현곡 금장대 위를 날아가던 기러기가
절경을 그냥 지나치지 못하고
내려와 쉬어 갔다고 한다.

백률송순은 백률사의 소나무는
가지를 치게 되면 그냥 말라 죽지 않고
새 솔순이 생겼다고 한다.

압지부평은 월지(안압지)의 마름(부평초)은
뿌리를 땅에 내리지 않고 물 위를 떠돈다고 해서
압지무평이라고 한다.

불국영지는 아사녀가 아사달이 그리워 불국사를 찾았는데
다보탑은 영지에 비치고
석가탑은 비치지 않아 볼 수 없었다고 한다.

나원백탑은 다른 석탑과는 달리
세월이 흘러도 순백의 빛깔에 변함이 없어
세상 사람들이 모두 신기해한다.

선도산 보희의 오줌 꿈을 문희가 사다

나이가 들고부터는 꿈을 꾸어도
깨고 나면 무슨 꿈인지 기억이 나지 않는다.
꿈 내용도 별로 좋지 않다.

그러나 젊어서 꾼 꿈은 그렇지 않았다.
가끔은 하고자 하는 무언가를 이루고
흐뭇해하기도 했었다.

아득한 옛날 신라 처녀 보희*는 기막힌 길몽을 꾸고도
동생에게 그 꿈을 팔아 버렸다.
그 꿈을 산 문희는 왕비가 되었다.

청년 이성계는 다음과 같은 꿈을 꾼 후
해몽을 잘하는 사람을 만나
조선의 왕이 되었다.

---

*   보희는 김유신 장군의 누이로 문희의 언니이다.

청년 시절 설봉산의 귀주사(歸州寺)에서
무술을 연마하고 심신 단련과 독서로 소일하던
이성계가 어느 날 꿈을 꾸었다.
꿈의 내용인즉 쇠지팡이로
자기 머리와 허리와 팔 세 곳을 꿰었고,
또한 거울이 깨지고 꽃이 떨어지는 꿈이었다.
꿈을 깬 이성계는 이 괴이한 꿈이
흉몽인지 길몽인지 알 수 없어 번민하다가
가까운 토굴에서 수도하고 있던 무학대사를 찾아가
꿈 이야기를 하고 해몽을 부탁했다.
무학은 이성계가 꾼 꿈 이야기를 묵묵히 다 듣더니
벌떡 일어나 이성계 앞에
큰절하고 다음과 같이 말하였다.

"쇠단장 셋이 몸을 세 곳 찔렀으니
임금 왕(王) 자요
꽃이 떨어짐은 열매가 맺힐 것이요,
거울이 깨짐은 소리가 있을 징조입니다.
이는 그대가 장차 왕위에 오를 꿈이옵니다."

이 말을 들은 이성계는
훗날 토굴 자리에 자신이 왕이 될 것을
기도하기 위해 절을 지었는데
그 절 이름을 석왕사(釋王寺)라 하였다.

현재 석왕사는 강원도 안변군 설봉산(雪峯山)에 있는데
고려 후기에 창건된 사찰로
북한이 문화유산으로 지정하고 있다.

❈ 수년 전 불교성지 순례 차 인도를 다녀온 적이 있다. 부처님의 거룩하신 발자취를 둘러보는 답사였는데 여행 중 가장 민망한 것은 화장실이었다. 몇 시간을 달리다가 용변을 볼 시간이 되면 버스에서 내려 남자는 오른쪽, 여자는 왼쪽으로 가라고 한다. 허허벌판 전체가 화장실이었다.

옛 신라 때의 이야기이다. 꿈에 이곳 선도산 위에서 시원하게 소변을 본 사람이 있었다. 그것도 선머슴이 아닌 아리따운 처녀로 김유신의 누이 보희(寶姬)였다. 그녀가 눈 오줌이 서라벌에 가득 찼다. 이튿날 아침에 여동생인 문희(文姬)에게 그 꿈 이야기를 하였다. 그러자 문희가 그 꿈을 사겠다는 것이었다. 그러지 않아도 별로 유쾌한 꿈이 아니라서 꺼림직하던 참이었다.

"무엇으로 사려 하느냐?"

그냥 꿈을 넘기고 싶었으나 동생이 관심을 보이자 흥정을 해 본 것이었다.

"꿈값으로 비단치마를 주면 되겠는지요?"

"그렇게 하자."

보희는 얼른 꿈을 넘겨주고 싶었다. 하지만 문희는 이 꿈이 예사 꿈이 아님을 알았다. 문희가 옷섶을 벌리자, 언니인 보희가 꿈을 넘겨주었다.

보희는 바로 비단치마로 값을 치렀다.

그런지 10일이 지난 어느 날 유신 공이 춘추 공과 함께 그의 집 앞에서 공차기를 했다. 유신은 일부러 춘추의 옷을 밟아서 옷끈을 떨어뜨렸다.

"우리 집에 들어가서 옷끈을 꿰매도록 합시다."

춘추 공이 유신을 따라 집 안으로 들어갔다. 유신이 아해(阿海, 보희의 어릴 때 이름)를 보고 옷을 꿰매 드리라 하였다.

"어찌 그런 사소한 일로 가벼이 귀공자를 가까이한단 말입니까?"

아해가 사양하자* 유신은 아지(阿之, 문희의 어릴 때 이름)에게 옷을 꿰매도록 했다. 춘추 공은 유신의 속마음을 알아차리고 드디어 아지와 정을 통하였다. 이후로 자주 서로 만나게 되니 결국 아지가 임신을 하게 되었다. 유신이 그 사실을 알고 짐짓 아지를 꾸짖었다.

"너는 부모에게 알리지도 않고 임신을 했으니 이게 어찌된 일이냐?"

그러고는 온 나라에 소문을 퍼뜨려 그 누이를 불태워 죽인다고 했다.

마침 선덕여왕이 남산으로 행차하는 날을 기다려 유신은 마당 가운데 나무를 쌓아 놓고 불을 지르자 연기가 크게 일어났다. 왕이 이것을 보고는 무슨 연기냐고 물었다.

"아마도 유신이 누이동생을 불태워 죽이는 것인가 봅니다."

왕이 그 까닭을 물으니, 남편도 없이 임신하였기 때문이라고 했다.

"그게 누구의 소행이냐?"

그때 춘추공이 왕을 모시고 그 앞에 있다가 왕의 물음에 얼굴빛이 크게 변했다.

"네가 한 짓이구나. 빨리 가서 구하도록 하라."

춘추 공은 왕의 명령을 받고 말을 달려 왕명을 전하여 죽이지 못하게

---

* 『삼국유사』 주(註)에 의하면 고본에는 병 때문에 나오지 않았다고 했다.

하고 그 후 세상에 드러내 놓고 혼례를 올렸다.

　김춘추와 문희는 신분상으로 양가의 혼례가 성립될 수 없는 처지였다. 그러나 김유신의 지략으로 결혼이 이루어진 것이다.
　그 후 김춘추가 신라 제29대 왕위에 오르자 아지, 즉 문희는 문명왕후가 되었다. 무열왕과 문명왕후는 문무왕이 된 법민(法敏)과 인문(仁問)·문왕(文王)·노차(老且)·인태(仁泰)·지경(智鏡)·개원(愷元) 등의 아들을 낳았다.

　『삼국사기』「열전」'김인문전'에 진덕여왕 5년(651), 인문의 나이 23세에 왕명을 받아 당나라에 들어가 숙위하였다는 기록이 있다. 그렇다면 김인문은 629년생이고, 혼전 임신으로 태어난 법민이 형이니 그는 629년 이전에 출생한 셈이다. 선덕여왕은 632년에 진평왕의 뒤를 이어 왕위를 계승하였다. 따라서 선덕여왕이 남산에 올라 연기를 보고 춘추 공에게 문희를 구하라고 한 것은 왕위에 오르기 전 공주 시절이다.

　위작(僞作) 여부로 학계에서 논란이 있는 『화랑세기』 '18세 풍월주 춘추공'에 다음과 같은 기록이 있다.
　"그때 공의 정궁 부인(正宮夫人)인 보라 궁주(宝羅宮主)는 보종 공의 딸이었다. 아름다웠으며 공과 몹시 잘 어울렸는데, 딸 고타소(古陀炤)*를 낳아 매우 사랑했다. 감히 문희를 받아들이지 못하고 비밀로 했다. 유신이 이에 장작더미를 마당에 쌓아놓고 막 누이를 태워 죽이려 하고

---

*　고타소는 선덕왕 11년(642) 백제의 군대가 대량주를 함락할 때 죽은 품석의 부인이다.

는 임신한 아이의 아버지가 누구인지 물었다. 연기가 하늘로 올라갔다. 그때 공은 선덕 공주를 따라 남산에서 놀고 있었다. 공주가 연기에 관하여 물으니, 좌우에서 사실을 고하였다. 공이 듣고 얼굴색이 변하였다. 공주가 '네가 한 일인데 어찌 가서 구하지 않느냐?' 하였다. 공은 이에 …하여 구하였다.

이후 포사(鮑祠)*에서 길례(吉禮)를 행하였다. 얼마 안 있어 보라궁주가 아이를 낳다가 죽었다. 문희가 뒤를 이어 정궁(正宮)이 되었다."

이 내용을 그대로 받아들인다면 문희를 태워 죽인다고 한 사건은 선덕여왕이 공주일 때이다. 또 문희는 춘추의 보라궁주에 이은 두 번째 부인이다.

이와 비슷한 이야기가 또 있다.

고려 태조 왕건의 증조부는 보육(寶育)이다. 그가 신라 말엽 송악군 마하갑(摩訶岬)에 살 때 어떤 술사가 와서 여기는 당나라의 천자가 와서 사위가 될 터라고 하였다. 보육에게는 두 딸이 있었는데 둘째 딸의 이름이 진의(辰義)였다. 진의가 열다섯 살 때 그 언니가 오관산(五冠山) 정상에서 오줌을 누니 천하가 잠긴 꿈을 꾸었다고 했다. 이 이야기를 들은 진의가 비단치마를 주고 그 꿈을 샀다.

그 뒤 당나라 숙종(肅宗)이 왕위에 오르기 전 어느 날 산천을 두루 유람하던 중 송악군 보육의 집에 머무르다가 두 딸의 미모에 끌려 헤진 옷을 꿰매달라고 청하였다. 보육은 큰 딸에게 이 일을 시켰다. 그러

---

* 포사는 당시 포석정에 있던 사당이다.

나 이 딸은 문턱을 넘다가 넘어져 코피가 흐르므로 할 수 없이 둘째 딸에게 시켰다. 그래서 두 사람이 인연을 맺어 작제건(作帝建)을 낳았는데 이가 곧 왕건의 조부이다.

이 이야기는 신라 선덕여왕 때의 일을 표절한 것이 아닌가?

선도산에 성혈바위와 주상절리가 있다

❋ 오늘 최고 기온이 섭씨 34°이다. 스마트폰 문자 메시지로 외출을 자제하라고 한다. 연일 숨이 턱턱 막히는 찜통이다. 지난밤에는 열대야로 잠을 설쳤다. 일이 손에 잡히지 않는다. 그냥 앉아 있는데도 땀이 줄줄 흐른다.

기온이 20°일 때 사람의 능률이 100이라면 33°일 때는 50 이하로 떨어진다. 이렇게 기온이 올라가면 스트레스 호르몬도 동반 상승하고 자율신경계에 이상을 일으켜 면역체계에 손상을 주고, 건강을 해칠 수도 있다고 한다.

그렇다고 집에만 있을 수는 없다. 간단히 채비를 차리고 선도산을 향해 집을 나섰다.

선도산으로 오르는 길 초입에 있는 도봉서당에서 고창 오씨 제실로 가는 길로 올라서면 오른쪽으로 길쭉한 바위가 누워있다. 안내판에 의하면 '서악동 바위구멍 유적'이다. 긴 쪽이 780cm, 짧은 쪽이 210cm 크기의 바위 표면에 500여 개의 크고 작은 성혈(性穴)이 있다.

성혈은 바위그림의 한 종류로 돌에 파인 구멍인데, 알구멍, 알바위, 알터, 알미, 알뫼라고도 한다. 이는 선사 시대 신앙의 한 형태로 자손의 번창을 기원하는 주술적인 행위의 흔적이다. 혹은 별자리와 관련이 있는 것으로 보기도 한다. 북쪽 면에는 북두칠성을 표현한 것이 분명한 구멍도 볼 수 있다.

우리 경주 지역에서는 내남면 안심리와 남산 틈수골로 올라가는 길 옆 밭둑 등 곳곳에 이런 성혈을 볼 수 있다.

경주 주위를 감싸고 있는 산에는 많은 불교 관련 유적이 있다. 그런데 이곳 선도산은 불교 유적 이외에도 신선과 관련된 유적, 산성 등 국방 관련 유적, 선사시대 유적 등도 있는데, 최근에는 주상절리(柱狀節理)가 발견되어 주목을 받고 있다.

성혈바위 왼쪽 시멘트 포장길을 50여m 가면 길 오른쪽에 '오소년공덕비'라는, 그리 오래되지 않은 자그마한 비가 있다. 그 옆에 또 다른 작은 비가 있는데 '庚戌年 三月三日 功勞者 吳少年'이라 씌어 있다. 경술년이라면 비의 상태로 보아 1970년이 아니면 1910년인데, 어떤 공적으로 이 비를 세우게 되었는지는 알 길이 없다.

선도산 오름길 입구에 500여 개의 크고 작은 성혈이 있다(좌).
최근 선도산 골짜기에 주상절리가 발견되었다(우).

선도산 주상절리는 이 비석의 오른쪽 골짜기 안으로 들어가야 한다.

길이 명확하지 않아 그냥 사람들이 밟은 흔적을 따라가야 한다. 좁은 골짜기를 들어서니 심한 가뭄에도 가는 물줄기가 보이고 제법 시원한 냉기가 온몸을 휘감는다. 골짜기 좌우로 사각형 오각형의 돌기둥이 빼곡하다. 흡사 장작더미를 쌓아 놓은 듯하다. 규모가 그리 크지는 않지만 아기자기한 멋을 보여준다.

경주풍물지리지에는 주상절리가 있는 이 골짜기를 용작곡(龍作谷)으로 기록하고 있다. 골짜기 양쪽으로 기암절벽이 솟아있고 맑은 물이 흐르는데 이곳 선도산에서 장군이 태어나자, 용마(龍馬)가 그를 태우려고 나오면서 이 골짜기가 만들어졌다고 한다. 그런데 그 장군이 누구인지에 대해서는 밝히지 않고 있다.

양남 해변에 천연기념물로 지정된 부채꼴 및 사각형, 오각형 형태의 주상절리가 있고 멀지 않은 포항 달전에도 주상절리가 있다. 이곳 주상절리는 다른 지역의 그것과는 달리 웅장하지는 않지만 오밀조밀하고 아기자기하다.

절리란 마그마가 화구로부터 흘러나와 급격히 식을 때 부피가 줄어들어 사이사이에 틈이 생기게 되는 현상을 말한다. 주상절리란 기둥 모양의 절리로 단면의 모양이 4~6각형으로 화산지대에서 볼 수 있다.

선도산 정상 부근에 있는 마애삼존불 중 본존불이 조각되어 있는 암석은 경주 지역 다른 마애불과는 달리 안산암이다. 안산암은 마그마가 결정화하면서 기둥 모양으로 절리를 이루게 된다. 이곳 주상절리도 안산암으로 지표에 노출된 것이다.

신라의 다윗이 선도산성을 지키고 있었을까?

나이 마흔이 되면
대학을 나온 사람인지 안 나온 사람인지 모르고
나이 쉰이 되면
얼굴을 고친 사람인지 생얼굴인지 알 수 없고
나이 예순이 되면
남자인지 여자인지 구별이 없고
나이 일흔이 되면
돈이 있는지 없는지 모르고
나이 여든이 되면
살았는지 죽었는지 모른다고들 한다.

선도산은 시내에서 쉽게 접근할 수 있는 산이라
자주 찾게 된다.
80이 바로 코 앞이니
내가 살아있음을 확인하기 위해서라도
자주 산을 찾게 된다.

동의보감에도

'약보(藥補)보다는 식보(食補)가 낫고,

식보보다는 행보(行補)가 낫다'고 하였다.

즉 약이나 보양식보다는 걷는 게 건강에 좋다는 것이다.

"진정 위대한 모든 생각은 걷기로부터 나온다."

니체가 한 말이다.

루소는 "걸음이 멈추면 생각도 멈춘다."라고 말했고,

사르트르는 "인간은 걸을 수 있을 만큼 존재한다."라는 말을 남겼다.

근래의 한 프랑스 학자는 좀 더 근엄하게 한마디 했다.

"걷기는 마음을 비우고 자신의 길을 되찾아 가는 것이다."

문화유산 탐방을 다니다 보면

뜻밖에 신이한 것들이 눈길을 끌기도 한다.

선도산은 신선이 머물던 산이라 그런지

예상하지 못한 것들을 만나게 된다.

❋ "네 영혼이 고독하거든 산으로 가라."

독일의 어느 시인이 한 말이다. 이 말에 혹해서 홀로 자주 산을 찾는다. 여느 때와 같이 등산화를 조여 매고 집을 나섰다.

오늘의 행선지는 선도산이다. 영혼이 고독해서가 아니고 선도가 탐이 나는 것은 더더욱 아니다. 선도산의 옛 자취를 더듬고 신화와 전설의 뿌리를 찾아 나서는 것이다. 그렇다고 하더라도 이번 선도산 산행에서 운이 좋아 선도를 따 먹게 된다면 어떻게 될까 상상을 해본다. 선도 즉

천도를 먹은 동방삭이 3천 갑자를 살았으니 햇수로 180,000년이 된다. 천도를 먹게 된다면 너무 오래 사는 게 아닐까 공연한 걱정을 해 본다.

하지만 선도산에 선도는 없었다. 대신 더러 산딸기가 눈에 뜨인다. 산딸기는 줄딸기, 거지딸기, 멍석딸기, 곰딸기, 장딸기, 겨울딸기, 수리딸기, 거제딸기, 섬나무딸기, 복분자딸기, 단풍딸기, 뱀딸기 등 상당히 다양하여 20여 종에 달한다고 한다. 7월 중순을 지나 빨갛게 익어가는 이 선도산의 딸기는 그 이름이 어떻게 되는지 궁금하다. 빨갛게 잘 익었지만 맛은 별로 없고, 그저 나무껍질을 씹는 느낌이다.

경주 평지에는 월성, 금성, 경주읍성 등이 있고, 산성으로는 이곳 선도산성을 포함하여 명활산성, 남산성, 도당산성, 관문산성, 북형산성, 부산성, 작원성 등이 있다. 이 중에서 경주읍성을 제외하고는 모두 신라 때 축성되었다.

선도산성은 서악동 선도산 산 중턱을 돌로 두른 둘레 약 2.9km의 태뫼식 산성이다. 흔히 산성은 테뫼식과 포곡식으로 분류하고 있다. 테뫼식은 산의 정상부만을 두른 것으로서, 마치 사발을 엎어놓은 듯하여 발권식(鉢圈式)이라고도 하는데 규모가 작다. 포곡식은 산의 정상에서부터 계곡의 아래쪽까지를 감싸고 있는 큰 규모의 산성이다.

선도산성은 완전히 허물어져 있다.

『삼국사기』「신라본기」'진평왕 15년' 조에 "가을 7월, 명활성은 둘레를 3,000보로, 서형산성은 2,000보로 각각 개축하였다."라는 기록이 있다. 여기서 언급하고 있는 서형산성이 선도산성으로 이 시기에 개축하였다고 하니 실제로 축조된 것은 그 이전이었음을 알 수 있다. 그리고 문무왕 13년 봄 2월에 선도산성을 다시 증축하였다는 기록이 있다. 이 성과 관련한 기록이 여러 차례 나오는 것으로 보아 이 성은 서라벌의 서쪽으로부터 침입하는 적들을 방어하여 도성을 보호하는 중요한 역할을 하였을 것이다.

현재 이 산성은 완전히 허물어져 있어 어떤 방식으로 쌓았는지는 알 수가 없다. 이곳 선도산의 전체적인 지형을 살펴보면 남쪽과 동쪽 일부를 제외하고는 굳이 성벽을 높이 쌓지 않아도 될 정도로 매우 가파르다. 따라서 북쪽과 서쪽은 비교적 낮게 쌓았을 것이다.

성 안쪽으로는 구조물의 흔적이 거의 없다. 다만 동쪽 평평한 곳 일부에서 삼국시대의 기왓조각과 토기조각 일부가 발견되고 있다. 『삼국사기』「신라본기」에 "애장왕 10년 여름 6월, 서형산성 소금 창고에서 소 우는 소리가 들렸다."라는 기록으로 미루어 성 안쪽에 건물이 있었을 것으로 추정된다.

성의 남쪽에 자연석의 돌무지가 있는데 자연석을 쌓아 올린 것으로 높이가 약 1m 정도이다. 이 돌들은 이곳으로 침입해 오는 적을 향해 돌팔매질할 때 사용하던 것으로 추정하는 이들도 있다.

당시 고구려와 백제인들은 신라 사람들에게는 골리앗이었다. 그래서 돌팔매로 이들을 제압하고자 신라의 다윗이 이곳 선도산성을 지키고 있었던 것은 아닐까?

선도산에 선도신모를 모신 사당이 있다

성모(聖母)는 가톨릭·동방교회 등에서
예수의 어머니로 존경의 대상이 되는
성모 마리아이다.
천사의 계시로 처녀의 몸으로 잉태하여
예수 그리스도를 낳고
초대 교회 때부터 성인으로 공경받아 왔다.

이곳 선도산에도 성모가 있었다.
물론 예수를 낳은 그분은 아니다.
선도산의 성모(聖母)는 신모(神母)라고도 한다.
선도산의 성모·신모는 지모 숭배사상에서 유래하여,
현재의 여성 산신신앙으로 이어진다.
신모신화는 다양한 유형으로 이야기되어 왔다.

첫째로는 스스로의 위대한 행위에 의해
신성시되는 신모의 유형을 들 수 있다.
거인 여신이자 창조신인 '마고할미'와

무조신화(巫祖神話) '바리데기' 등이 대표적인 예이다.

둘째로는 신의 배우자로서 신격이 부여되는 경우를 들 수 있다.
'당금애기'나 '대관령 국사여서낭' 전승 등
신과의 성혼담이 중심을 이루는 이야기이다.

셋째로는 위대한 영웅의 어머니인 신모로,
이곳 선도산의 '선도산신모' 가야산의 '정견모주'
지리산의 '지리산성모' 등의 전승이 있다.

그런데 이곳 선도신모는 황금을 시주하여
불전을 수리하는 등
불교와는 각별한 관계를 맺고 있다.

• 선도신모와 관련한 다섯 편의 이야기가 있다

옛사람들은 산에 산신이 있다고 믿었다. 신체(神體)는 호랑이 또는 신선의 상으로 표현하는데, 사찰 산신각에 모신 산신은 주로 호랑이를 끼고 있는 흰 수염의 노인이다. 그러나 산신에는 아기씨 산신도 있었고 산신 할머니 같은 여성 산신도 많았다. 산신이 여성이었다는 것은 산 이름만 봐도 알 수 있다. 모악산, 대모산처럼 산 이름에 '어미 모(母)' 자가 있는 것은 산신이 여성이기 때문이다.

이곳 선도산 정상 부근 마애삼존불 바로 옆에는 신라를 대표하는 여성 산신인 선도신모를 모신 '성모사(聖母祠)'라는 사당이 있다. 이 신모와 관련하여 예로부터 다음과 같은 네 편의 이야기가 전해오고 있다.

첫째 이야기. 선도신모는 중국 황제의 딸이었다.

선도산에 사소(娑蘇)라는 신모가 있는데 사소는 본래 중국 황제의 딸이었다. 일찍이 신선의 술법을 익힌 후 서라벌에 온 후 오랫동안 중국으로 돌아가지 않았다. 그러자 그녀의 아버지인 황제가 솔개의 발에 편지를 매달아 날려 보냈다.

"솔개가 머무는 곳을 따라가서 집을 짓고 살아라."

사소가 이 편지를 받고 솔개를 날려 보냈더니 이곳 선도산에 와서 멈추었다. 그래서 이곳에 집을 짓고 지선(地仙)이 되었다. 그 후 이 산 이름을 서연산(西鳶山)이라고 했다. '鳶'은 '솔개 연'이다.

신모가 오랫동안 이산에 머물면서 나라를 평안하게 도우니 신령스러운 일이 많이 생겼다. 그리하여 신라 때 명산대천에 지내는 제사 중 이곳에서 지내는 제사가 윗자리를 차지했다고 한다.

둘째 이야기. 선도신모의 시주로 불전을 수리하다.

ㅈ제26대 진평왕 때 지혜(智惠)라는 이름의 어진 비구니가 있었다. 안흥사에 살면서 불전을 새로 수리하고자 하였으나 형편이 여의치 못하였다. 하루는 꿈에 한 선녀가 나타나 위로한 후 이렇게 말하였다.

"나는 선도산 신모이다. 그대가 불전을 수리하고자 하는 마음이 가상하여 황금 10근을 시주하여 돕고자 한다. 그대가 앉은 자리 밑에 금이 있으니 이를 찾아 삼존불을 모시고 벽 위에는 53불[*]과 6류성중(六類聖衆)[**]과 여러 천신, 그리고 오악(五岳)[***]의 신을 그리도록 해라. 그리고 해마다 봄·가을에는 열흘 동안 선남선녀들을 널리 모아서 일체중생을 위한 점찰법회를 여는 것을 규칙으로 삼아라."

지혜가 놀라 꿈에서 깨어 여러 사람들과 함께 신을 모시는 사당으로 들어가서 자리 아래에서 황금 160냥을 찾아내어 불전 수리를 마쳤다.

셋째 이야기. 선도신모가 왕의 잃어버린 매를 찾아주다.

제54대 경명왕은 매사냥을 즐겨 자주 이 산에 올랐다. 어느 때인가 왕이 이 산에서 매를 놓았다가 잃어버리고 신모에게 이렇게 기도를 드렸다.

"만약에 매를 찾게 되면 벼슬을 드리겠습니다."

---

[*] 『관약왕약상이보살경(觀藥王藥上二菩薩經)』에 의하면 과거세에 53명의 부처가 있었다. 이 53분 부처님의 이름을 부르면 나는 곳마다 시방(十方)의 여러 부처님을 만날 수 있고, 지극한 마음으로 예배하면 사중(四重: 네가지 禁戒를 범한 죄) 오역죄(五逆罪: 무간 지옥에 떨어진다는 다섯 가지 악행)가 없어지고 깨끗이 된다고 한다.

[**] 주존불을 협시하는 여섯 보살, 또는 여섯 분의 성인

[***] 신라시대 오악은 동은 토함산, 남은 지리산, 서는 계룡산, 북은 태백산, 중앙은 부악으로 오늘날의 팔공산이다.

잠시 후 매가 날아와 상 위에 앉으므로 왕은 신모를 대왕으로 봉하였다.

넷째 이야기, 선도신모가 혁거세를 낳았다.

신모가 처음 이곳 진한 땅에 와서 신성한 아들을 낳아 신라의 처음 임금이 되었으니 바로 박혁거세이다. 혁거세와 알령 부인의 유래가 이로부터 시작되었다. 신모가 또 하늘나라의 선녀들에게 비단을 짜게 해서 붉은색으로 물을 들여 관복을 만들어 그 남편에게 주었으므로 나라 사람들이 이로 인해 비로소 그 신비스러운 영험을 알게 되었다.

그런데 신모가 만든 관복을 남편이 아닌 아들인 혁거세에게 주었다고 해야 이야기가 맞을 것 같다. 또 이야기의 순서도 뒤바뀌었다. 이 이야기는 두 번째 이야기 위로 올라가야 할 것이다.

다섯째 이야기, 송나라에서 선도신모상을 모시고 있었다.

김부식이 사신으로 중국 송나라에 갔다. 궁중 내 제사를 모시는 우신관이라는 곳에 갔더니 여자 신선의 상이 모셔져 있었다. 접대를 맡은 관리가 말했다.

"이분은 귀국의 신인데 아시겠습니까? 옛날 중국 황실의 딸이 바다 건너 진한으로 가서 해동의 시조가 되신 아들을 낳았습니다. 황실의 딸은 땅의 신선이 되어 오랫동안 선도산에 살았는데 이것이 그분의 상입니다."

또, 송나라 사신 왕양(王襄)이 우리 조정에 와서 동신성모(東神聖母)에게 제사를 지냈는데 그 제문의 내용이 이러했다.

"어진 사람을 낳아 처음으로 나라를 세웠다."

여기서 어진 사람은 신라의 건국시조인 박혁거세를 가리킨다.

『삼국유사』「감통」편에 기록되어 있는 이 이야기는『삼국유사』「기이」편의 '신라 시조 혁거세왕' 조의 내용과는 전혀 다르다.

• 선도성모가 박혁거세 왕의 어머니이다?

위 다섯 편의 설화와 관련하여 선도산 정상 가까이에 '성모사(聖母祠)'라는 편액이 걸린 건물이 있다. 성모를 모신 사당이다. 사당(祠堂)은 조상 등의 신주를 모시고 제사를 지내는 건물을 말한다. 민간의 사당은 가묘(家廟)라고도 하며, 왕실의 것은 종묘(宗廟)라고 부른다.

성모사 건물은 전면 한 칸 측면 한 칸으로 단출하다.

선도성모를 모시고 있는 성모사(좌). 성모사 뒤편 바위 면에 이곳이
성모사 자리임을 확인하여주는 '성모구기'라는 글자가 새겨져 있다(우).

1976년에 복원된 사당 오른쪽에 '성모사중건기적비'가 있다. 비의 왼쪽 면에 다음과 같은 내용으로 비의 건립 경위가 기록되어 있다.

"동도 서편 선도산 산정에 고색창연한 사우(祠宇)가 있으니 즉 신라 성모의 영령을 숭봉 향축하는 사당이다. 이 성모사당은 신라 때 창건된 이래로 고려, 조선을 거쳐서 여러 번 개축 중건하여 왔으나, 2천여 년의 세월이 지나고 역성역조의 창상을 겪는 동안 창연한 고색의 퇴락을 면치 못하였더니, 대한광복 후 18년 임인(壬寅)에 후손 참봉 재호와 전 참봉 화준이 협의 주선하여 중건하였고, 그후 갑인(1974년)에 사우의 규모를 넓히기 위한 중건추진위원회를 결성, 재호의 아들 성형, 준형 형제가 비용을 내어 그해(甲寅) 8월에 기공을 하고, 그다음 해(乙卯) 9월에 현재와 같이 준공하였다."

또 옆면에는 중건추진위원회의 명단, 그리고 뒷면에는 비용을 헌납한 사람들의 이름이 빼곡히 적혀있다. 박씨 문중에서 박혁거세의 모후인 선도성모를 기려 이 비를 건립한 것이다.

이곳을 찾을 때마다 성모사 문이 굳게 잠겨 있어 안을 들여다 볼 수 없었다. 아마 선도성모의 위폐를 모시고 있으리라. 매년 음력 삼월 초열흘에 이곳에서 박씨의 며느리 혹은 딸들이 제관이 되어 제향을 올린다고 한다.

왼쪽에는 자연석으로 된 성모사 표지석에 임진왜란 때 신라 시조왕의 위폐를 이곳에서 임시로 봉안하였다는 기록이 있다.

사당 뒤편 암벽에는 언제 새겨졌는지 모르는 '성모구기(聖母舊基)'라는 글이 음각돼 있다.

성모사 바로 동쪽에는 재단법인 도덕회수성원(道德會修性院) 건물이 있다. 또 그 옆으로 산신령을 모신 산령각(山靈閣)이 있다. 이곳에는 도교와 불교가 자연스럽게 함께 하고 있음을 알 수 있다.

또 안동권씨 도생화(道生華) 송덕비가 있는데 '단기 4298년 을사. 11월 30일 선도산 수성원 도친 일동(仙道山 修性院 道親 一同)'으로 기록되어 있다.

성모사로부터 북동쪽으로 약 250m 떨어진 위치에 성모사 유허비가 있다.

이곳으로부터 북동쪽으로 250m 정도 떨어진 곳에 성모사 유허비가 있다. 돌로 담장을 쌓고 가운데 비석을 세워두었다. 담장의 규모는 사방 6m에 높이 1.3m이고, 비석 크기는 90×36×19㎝이다. 이 비는 조선 순조 32년(1832)에 세운 것으로 앞면에는 「聖母祠遺墟碑」, 뒷면에는 「道光十二年壬辰 十月日立」이라는 글이 새겨져 있다. 담장 안은 본래 시멘트 바닥이었는데 현재 반듯한 돌을 깔아 깔끔하게 정비를 하였다. 진입로도 보수를 하고, 입구에는 이 시설을 하는데 시주를 한 사람들의 이름을 새긴 석비가 세워져 있다

선도산에 아미타여래가 나투시다*

선도산에 아미타여래 삼존불을 모시고 있으니
이 불상을 만든 당시 신라 사람들은
이곳을 극락정토로 생각했을 것이다.

극락은 '지극한 즐거움이 있다'는 의미이고,
정토(淨土)란 깨끗한 땅을 말한다.
이곳을 관장하고 있는 부처는 아미타여래이다.
이 부처님은 밝은 빛이 끝이 없어
무량광(無量光, Amitabha),
수명이 셀 수 없어 무량수(無量壽, Amitayus)라고도 한다.

정토에 대하여 우리가 사는 세상은 예토(穢土)이다.
더러운 곳, 거친 땅이라는 것이다.
그래서 예토에는 슬픔과 괴로움이 많다.

---

* '나투다'는 화현(化現), 응현(應現)이라고도 하는데, 불보살이 필요하면 자신의 모습을 비추어 그 중생 앞에 나타내어 보이는 것이다.

정토는 누가 만들었고,
예토는 누가 만들었는가?
처음에는 같은 땅이었으나,
예쁘게 잘 가꾼 곳은 정토가 되었고,
가꾸지 않은 더러운 땅이 예토가 되었다.

정토와 예토에는 각각 그 땅에 맞는 무리들이 찾는다.
물론 정토교학에서는
아미타불의 본원력에 의해 정토가 생겨났고,
중생의 업력에 의해 예토가 생겨났다고 하지만,
정토이론은 여기에만 한정되는 것은 아니다.

'마음을 어떻게 먹느냐에 따라
정토와 예토가 된다'는 설이
유심정토(唯心淨土)다.

지옥에 있는 사람은 자신만을 위해서 산다.
먹을 것이 있어도 자기만 먹으려고 한다.
음식을 먹으려 하나 숟가락은 너무 길어
자기 수저로 제 입에 밥을 넣을 수가 없다.

그래서 지옥에 있는 사람들은
눈앞에 먹을 것을 두고도
언제나 상대를 원망하면서 굶주린다.

그러나 극락에 있는 사람들은
서로서로 먹여주기 때문에
굶주릴 일이 없고 모두 행복해 한다.

선도산 아미타삼존불을 친견하면서
자기 숟가락으로 남의 입에 밥을 넣어주는
그런 사람이 그득한 세상을 그려본다.

❋ 선도산 정상에 아미타여래입상을 본존불로 하고, 왼쪽에 관음보살상을, 오른쪽에 대세지보살상을 조각한 아미타삼존상이 있다.

아미타여래는 서방 극락정토의 주불(主佛)이시다. 선도산은 경주 서쪽에 있는 산이다. 옛 신라 사람들은 선도산을 서방 극락정토로 가는 관문쯤으로 생각했으리라. 그래서 이곳 산 정상 가까운 곳에 이 아미타삼존상을 조성하고 극락왕생을 기원했을 것이다.

이 마애삼존불은 다른 지역의 마애삼존불과 달리 조성 방식이 특이하다. 본존인 아미타불은 돌출된 현지의 암벽에 부조로 조각하고 좌우의 협시불은 다른 곳에서 가지고 온 화강암인데 환조로 조각하였다. 금강산 기슭의 굴불사지 사면석불 중 서쪽의 아미타삼존불에서 양 협시보살상과 비슷한 형태이다.

본존인 아미타여래입상은 높이가 6.85m에 이르는 대불이다. 풍화에 약한 안산암에다 조각을 하였기 때문에 세월이 흐르면서 크게 훼손되었다. 머리는 완전히 없어졌고 얼굴도 눈 윗부분까지 탈락되었다. 그러나 남아있는 큼직한 코, 미소를 머금고 있는 입술, 각이 진 얼굴의 윤곽선, 굵은 목 등 전체적으로 강건하면서도 자비로운 모습을 하고 있다.

오른손은 손바닥을 앞으로 향하고 어깨 부분까지 올려 시무외인을 하고 있으며 왼손은 약지와 새끼손가락을 안으로 굽히고 손바닥을 앞으로 하여 아래를 향한 여원인의 수인을 하고 있다. 어깨선은 각이 지고 체구가 건장하다. 신체의 굴곡은 제대로 표현하지 않고 있는데 이는 암석의 재질이 정교하게 표현하기에는 부적절했기 때문이리라. 법의는 통견으로 가슴 아래로 흘러내려 U자형을 이루면서 발목까지 이어진다. 발목 아래에는 부근에서 수습한 것으로 보이는 연화대좌의 파편이 놓여 있다.

선도산 아미타삼존불. 본존불의 왼쪽에 정병을 들고 있는 보살이 관음보살이고 오른쪽이 대세지보살이다.

전체적으로 윗부분은 고부조이고 아래로 내려갈수록 편평해지면서 좁아진다.

좌우의 협시불은 다른 지역에서 가지고 온 화강암으로 조성하였다. 환조로 조각하였지만, 뒷면은 마치 암벽에서 떼어낸 듯 편평하고 측면이 얇다. 전체적으로 볼 때 본존불과 균형을 이루기 위해 의도적으로 이와 같이 조성한 것으로 보인다.

좌협시불은 자비의 관음보살로서 높이는 4.6m이다. 머리에 화불이 새겨진 삼산형의 보관을 쓰고 있다. 오른손은 위로 올려 가슴에 대고 손바닥을 밖으로 향하여 다섯 손가락을 펼치고 왼손에는 정병을 잡고 있다.

상체 가운데 큰 구슬을 중심으로 연주문대(蓮珠文帶)로 연결된 목걸이를 하고 있으며 아래에 가슴을 가로지르는 띠가 드러나 있다. 양팔에서부터 흘러내린 U자형의 천의자락은 선각으로 표현된 군의와 구별된다.

대좌는 무릎까지 끼일 수 있도록 파낸 독특한 모양으로 대좌의 옆면에는 옷주름을 새겨 신체와 동일시하였다. 대좌의 아래에는 복련의 연화문을 새겼다.

이 관음보살상은 목 부분과 허벅지 부분이 잘린 것을 이은 흔적이 있다.

우협시불은 중생의 어리석음을 없애준다는 대세지보살이다. 높이가 4.55m인데, 다섯 조각으로 이어 붙였으며 왼쪽 팔이 크게 떨어져나가는 등 관음보살상보다 훨씬 파손이 심하다. 얼굴 모양은 관음보살상과 비슷한데 보관을 쓰지 않았으며, 오른손을 가슴에 대고 있는데 연꽃을 잡고 있다. 그 외 목걸이나 가슴을 가로지른 굵은 띠, 무릎 위의 매듭 장식, 대좌의 형태 등 모든 면에서 관음보살과 비슷하나, 사각형의 얼굴에 눈을 바로 뜨고 있어서 약간 남성적인 모습을 풍기고 있다.

 관음보살과 대세지보살은 다른 곳의 화강암으로 조각하여 옮겨왔지만, 본존인 아미타불만큼은 이곳 선도산의 안산암 절벽에 그대로 새겼다. 하지만 안산암은 정으로 쫄 때 암석편이 쉽게 떨어져 나가 불상을 조각하는 데 무척 힘이 들었을 것이다.

 본존불의 조각선이 강건하다면 보살상은 섬세하고 부드러우며 신체의 굴곡도 잘 나타내 조각기법에서 차이가 있다.

 이 삼존불의 조성 시기는 삼국시대에서 통일신라 불상조각으로 이어지는 과도기의 중요한 작품으로 알려지고 있다. 통일을 이루는 과정에서 희생된 사람들의 극락왕생을 기원하면서 정성을 다해 이 아미타삼존상을 조각했으리라.

신라왕릉 중 피장자가
가장 확실한 태종무열왕릉

제법 오랜 기간 '경주 이야기'를 쓰고 있지만
늘 쓴 글에 자신이 없고 오기(誤記)가 빈번하다.
그래서 초안을 작성한 후
아내에게 보여주고 수정 의견을 듣는다.

그런데 필자뿐만 아니라
그 유명한 버나드 쇼도 아내에게 원고를 보여주었단다.
그가 열심히 쓴 극본을 읽어보던
그의 아내가 이렇게 말할 때도 있었다.
"여보, 이거 완전히 쓰레기네요."
그 말을 듣고 버나드 쇼가 이렇게 대꾸했다.
"지금은 쓰레기가 맞소.
하지만 일곱 번째 수정 원고가 나올 때는 달라질 거요."

필자의 경우 아내의 의견을 듣고
가끔 수정을 하지만 일곱 번을 수정한 적은 없다.

그래서 노벨상을 수상하지 못한 것인가?
여기저기에서 웃음소리가 들린다.
비웃음일 것 같다.

• 김춘추, 그는 누구인가?

로키산맥 해발 3,000미터 높이에 수목의 생장 한계선이 있다. 이 지대의 나무들은 매서운 바람으로 인해 곧게 자라지 못하고 '무릎을 꿇고 있는 모습'을 하고 있다. 이 열악한 조건에서는 생존을 위해 무서운 인내심을 발휘해야만 한다. 그런데 세계적으로 가장 공명이 잘 되는 명품 바이올린은 바로 이 나무로 만든다고 한다.

아름다운 영혼을 갖고 인생의 절묘한 선율을 내는 사람은 아무런 고난 없이 좋은 조건에서 살아온 사람이 아니라 온갖 역경과 아픔을 겪어온 사람이다.

신라에 이런 역경을 이겨내고 왕위에 오른 사람이 있었으니, 그의 이름은 김춘추이다. 그는 백성들에 의해 쫓겨난 진지왕의 손자였다. 『삼국유사』에는 진지왕이 왕위에 올라 나라를 다스린 지 4년 만에 주색에 빠져 음란하고 정사가 어지러우므로 나라 사람들이 그를 폐위시켰다고 기록되어 있다.

『삼국사기』 「신라본기」에 의하면 춘추의 아버지는 진지왕의 아들로 용춘인데 일운(一云) 용수하고 하여 용춘과 용수를 동일 인물이라 하였다. 어머니는 천명 부인으로 진평왕의 딸이고 왕비는 서현의 딸, 즉 김유신의 누이동생이다. 『삼국유사』 「왕력」 편에는 용춘을 일작(一作) 용수라 하여 『삼국사기』 기록과 같이 용춘과 용수를 동일 인물로 기록하고 있다.

『삼국사기』에 진평왕 44년(622년) 이찬 용수를 내성사신으로 임명했다고 한다. 그리고 진평왕 51년(629년) 파진찬 용춘이 고구려 낭비성을 공격한 기록이 있다. 7년 이후에 관등이 2위 이찬에서 4위 파진찬으로 강등되었다는 것이다. 신분 변동의 이유에 대해 아무런 설명이 없으니, 용수와 용춘이 동일 인물이 아닐 가능성이 있다.

통일전에 모셔져 있는 태종무열왕 영정

필사본 『화랑세기』에서는 김춘추의 아버지는 용춘의 형인 용수인데, 그가 죽자 부인과 아들인 춘추를 동생인 용춘에게 맡겼다고 한다. 용춘과 용수는 동일 인물이 아니고 형제지간이라는 것이다. 또 김춘추의 정궁부인은 보라궁주인데 보라가 아이를 낳다가 죽자, 김유신 막내 여동생인 문희가 뒤를 이어 정궁부인이 되었다고 한다.

김춘추는 이처럼 왕손의 혈통을 받았지만 폐위된 진지왕의 손자로 왕위 계승이 어려운 처지였다. 하지만 그는 역경을 극복하고 왕이 되어 삼국통일의 기초를 다질 수 있었다.

춘추는 642년(선덕여왕 11년) 백제의 윤충 장군에 의해 대야성(지금의 합천)이 함락당하고 사위인 품석과 딸을 잃자, 그 원한을 갚고자 직접 고구려에 가서 군사를 요청했으나 연개소문에 의해 거절당했다. 그 후 왜국과 당나라를 오가며 활발한 외교활동을 벌였고, 드디어 당 태종으로부터 군사 지원을 약속받았다.

647년 비담과 염종의 난을 진압한 뒤에 김유신과 함께 권력을 장악했고, 654년 진덕여왕이 죽자 김유신의 지원을 받아 왕위에 오르는 데 성공하였다. 재위 8년 동안 백제를 병합하고 고구려의 병합을 꾀하던 중 661년 세상을 떠나게 되었다. 태종은 무열왕의 묘호이며 신라에서 묘호를 가진 단 한 분의 왕이시다.

그런데 이 묘호가 당나라 태종과 같아서 외교적 문제가 발생하기도 하였다. 즉 신문왕 12년(692년)에 당나라 중종은 사신을 보내 "김춘추의 묘호를 당 태종과 같이 한 것은 무례한 일이니 속히 고치라."고 요구하였다. 이에 신문왕은 "선왕인 춘추의 시호가 같은 것은 우연한 일이나 고치도록 하겠다. 그러나 선왕인 춘추도 어질고 생전에 김유신 같은 좋은 신하를 얻어 삼한을 통일하여 공이 아주 크다. 별세하던 날에 신하와 백성들이 슬픔을 이기지 못하여 묘호가 같다는 것을 깨닫지 못하였다."라며 버티었고, 결국 당나라에서 더 이상 이를 문제 삼지 않았다.

김춘추에 대해서는 당시 신라뿐만 아니고 나라 밖에서도 특출한 인물이었음을 여러 기록을 통하여 알 수 있다. 『삼국사기』에서는 "당 태종이 김춘추의 용모가 영특하고 늠름하여 후하게 대우하였다." 또 『일본서기』에서도 "용모가 아름답고 쾌활하게 담소하였다."는 등의 기록을 볼 수 있다.

• 태종무열왕릉은 진짜이다

묘호는 왕이 승하한 다음 그 공덕을 칭송하여
붙인 호칭으로
신라 56왕 중 묘호가 있는 왕은 태종이 유일하다.
『삼국사기』「신라본기」에 의하면 신문왕 12년(692)에
당나라 중종이 사신을 보내
무열왕의 묘호를 태종이라고 한 것에 대해 항의를 하였다.
하지만 당시 신문왕이 의연하게 대처하여 이를 모면하였다.

문재인 대통령이 중국을 방문하여
중국을 '높은 산봉우리''대국'이라고 치켜세우고
한국을 '작은 나라'라고 지칭하여
국민들의 자존심을 상하게 한 사실을 생각할 때
당시 신라 사람들의 의연한 자세가 돋보인다.

비록 당나라의 도움을 받기는 했지만
이후 신라는 당군을 이 땅에서 몰아내고
삼국통일을 완성하였다.

국회의장을 역임한 김재순의 저서
'걸어가며 생각하고 생각하며 걸어간다'에서
이런 구절을 읽은 적이 있다.

프랑스의 문호 발자크는 소년 시절 아버지에게
자기는 장래에 작가가 되겠다고 말했다.
아버지는 작가로서 출세하는 길의 험난함과
성공한 경우의 영광에 대해서 잘 알고 있었다.
"문학을 직업으로 택한다면 네 장래는
거지이든지 제왕이든가 그 어느 하나일 것이다."
아버지의 말에 발자크는 이렇게 말했다.
"좋습니다. 전 제왕이 되겠습니다."
이후 발자크는 작가로서 제왕의 위치에 올랐다.

영국의 유명한 해군 제독 커닝햄이
아직 학생 시절 고향에 계신 아버지로부터 편지를 받았다.
"해군에 들어갈 기회가 있는데
네 생각은 어떠냐?"
소년 커닝햄이 쓴 회답은 이러했다.
"기회를 놓치고 싶지 않습니다.
저는 제독이 되려고 생각하고 있으니까요."
이후 커닝햄은 유명한 해군 제독이 되었다.

당나라와 대등하게 묘호를 사용한 신라 사람들은
발자크이고, 커닝햄이었다.

다음은 김상옥의 시조 '무열왕릉'이다.

한결 깊숙해라 송뢰(松籟) 소리 그윽하고
다만 무덤 앞에 엎드린 돌거북은
아득한 향수를 안고 임을 외로 뫼시다.

오랜 비바람에 띠는 아직 푸르르고
널리 흩어진 겨레 한우리에 들이고저
애쓰던 임의 백골은 여기 고이 쉬시는가.

칠칠한 숲속으로 저문 빛이 짙어오고
골안개 풀리는 양 눈앞이 흐리는데
벌 끝에 갈가마귀 떼만 어지러이 날아라.

신라 역대 왕은 모두 56분이시다. 그중에서 경기도 연천에 묻힌 경순왕을 제외한 55분의 왕과 왕비의 능은 경주지역에 조영되었을 것이다. 현재 경주 지역에는 36왕의 능과 박혁거세 거서간의 왕비인 알령 부인의 능이 확인되었거나 추정되고 있는데, 19왕의 능은 알려지지 않고 있다.

그런데 조선 전기까지 전승되어 온 신라왕릉은 11기에 불과했다. 조선 후기에 접어들어 사회적 변화인 족보의 간행과 이에 따른 조상 숭배 사상의 확대로 능묘를 중요시하는 현상이 나타나면서 상황이 달라지기 시작했다.

1730년 경주부윤인 김시형이 박씨 문중과 김씨 문중 사람들을 불러 모아 당시 명확히 알려지지 않은 능의 주인을 정하자며 타협을 했는데 그 결과 남산의 동쪽은 김씨 왕릉으로 하고 서쪽은 박씨 왕릉으로 결정했다는 것이다. 그리하여 이때 능 17기의 주인공이 새로 정해지게 되었다. 그 이후 8기가 추가 되어 오늘에 이르고 있다. 그러나 대부분의 왕릉은 기록상의 위치나 시대적인 능의 형식과 차이가 있어 그 진위가 의문시되고 있다.

그중에서 능비가 있는 이곳 무열왕릉과 비편이 출토된 제42대 흥덕왕릉은 무덤의 주인이 확실하다. 이 외에 기록상의 위치와 시대적인 형식에 맞아 학계에서 공통으로 인정되고 있는 왕릉은 제27대 선덕여왕릉, 제30대 문무왕릉, 제33대 성덕왕릉, 제38대 원성왕릉, 제41대 헌덕왕릉 등 5기이다. 이 7기의 왕릉을 제외한 나머지 왕릉에 대해서는 학계에서 인정하지 않고 있다.

태종무열왕릉은 해발 380m인 선도산에서 남동쪽으로 뻗어 나온 능선의 동쪽 경사진 면에 일렬로 나란히 배치된 5기의 대형 분 가운데 가장 아래쪽에 있다. 능 앞으로는 서악들이 펼쳐져 있고 그 너머로 서천이 흐르고 있어 풍수상으로는 배산임수 지형이다.

능의 규모는 높이 약 13m, 둘레는 약 112m이고, 구조는 횡혈식 석실분으로 추정하고 있다. 봉분 아랫부분에는 봉분이 무너지는 것을 막기 위해 자연석으로 된 호석을 둘렀다. 일반적으로 통일신라시대 능묘에는 잘 다듬은 돌로 호석을 돌리고 여기에 십이지상을 배치하고 돌로 난간을 돌리고 있다.

신라왕릉 중 피장자가 가장 확실한 태종무열왕릉

태종무열왕릉의 호석 구조는 자연석으로 된 호석을 몇 단 안으로 들여쌓은 후 높이 약 1m, 너비 약 0.4m 정도의 괴석을 기대어 놓은 것으로 보인다. 현재 이 능에서 호석의 받침석이 군데군데 확인되는데, 봉분 자락 위로 노출된 것은 10여 개이다. 고 이근직 교수는 그의 저서 『신라왕릉 연구』에서 노출된 받침석 가운데 최소거리가 0.8m 내외이고 받침석의 너비가 약 0.4m, 봉분 둘레가 약 112m인 점을 고려하여 90여 개가 설치되어 있을 것으로 추정하였다. 신라왕릉에서 이처럼 호석 외부에 받침석이 설치된 것은 태종무열왕 이후에 조성되었을 것으로 보고 있다.

왕릉 앞에는 화강암재 장대석 8매로 배례석을 마련하고 있다. 전체 크기가 장축 304cm, 폭 214cm, 두께 35cm이나 조립 형태와 장대석 모양으로 보아 학계에서는 당대의 것이 아닌 것으로 보고 있다.

태종무열왕릉 안으로 들어서서 비각을 지나 왼쪽으로 꺾어 배례석이 정면으로 보이는 지점에 서로 다른 종류의 나무 두 그루가 한데 붙어 있는 연리목이 있다.

왼쪽이 팽나무이고 오른쪽은 말채나무이다. 뿌리가 서로 다른 나무의 줄기가 이어져 한 나무로 자라는 현상을 연리목이라고 하는데 대체로 같은 종류의 나무끼리 붙어 있고 이와 같이 서로 다른 종의 나무가 연리목을 형성하는 경우는 드문 편이다.

나무껍질의 색깔이 밝고 표면이 매끄러운 나무가 팽나무이고 이에 비해 껍질이 검고 거친 나무가 말채나무이다. 말채나무는 봄이 되어 한창 물이 오를 때 새로 나오는 가느다란 가지가 말채찍으로 쓰기에 적당하다고 해서 붙여진 이름이고, 팽나무는 대나무로 만든 딱총에 둥글고 단단한 이 나무 열매를 넣고 쏘면 팽 소리가 난다고 해서 팽나무라고 한다. 필자가 어릴 때는 팽나무를 포고나무라고 했다.

이 두 나무는 밑동으로부터 약 60cm가량 붙어 있는데 그 위로는 각각 분리된 개체로 자라고 있다. 이 무덤의 주인공인 진골 출신의 김춘추와 가야 왕손인 문희에 얽힌 설화를 일깨워주고 있는 듯하다.

- **능비는 통일 초기 사실주의 양식의 대표작이다.**

동양 문화권에서 용은 매우 신성한 동물이다.
옛날부터 용은 황제나 왕에 비유되어 왕권을 상징하며
각기 다른 성격과 능력을 지닌 모습으로 나타났다.

우리 전통문화에서 표현되는 용은
서양의 용(dragon)과는 다르다.
서양 동화에서 기사는 못된 용을 죽이고 공주를 구한다.
우리의 용은 서양인이 상상해 낸 성질 고약하고
입으로는 불을 뿜고, 날개로 퍼덕거리며
무섭게 나르는 악당 드래곤이 아니다.

용은 실재하지 않는 상상의 동물이다.
81개의 비늘을 가진 양(陽)의 동물로
하늘을 자유자재로 날고 구름을 타고 비를 부르며
턱 아래에 영묘한 구슬 여의주를 가지고 있는데
이것을 얻으면 무엇이든 뜻하는 바를 이룰 수 있다.

용의 비늘은 81개라고 한다.
양의 수인 9가 둘 겹친 극양(極陽)의 수이다.
그리고 용의 턱 밑에는
길이가 한자나 되는 비늘 하나가 거꾸로 나 있다.
이를 역린(逆鱗)이라 한다.

늘 점잖은 용의 역린을 건드리는 자는 죽음을 면치 못했다.
왕의 심기를 거스르는 행위는 곧 역린이었다.

중국 명나라의 호승지(胡承之)가 편찬한 『진주선(眞珠船)』에
'용생구자설(龍生九子說)'이라는 것이 있다.
우리나라 대표 실학자 성호 이익도
자신의 저서 『성호사설』에 이를 자세하게 소개하고 있다.

용생구자설은 용이 아들 아홉을 두었는데
각각 특출한 개인기가 있다는 것이다.

첫째 아들은 '비희(贔屓)'이다.
힘이 세서 무거운 것을 짊어지기를 좋아하여
비석 받침으로 쓰고 있어
귀부(龜趺)라고 하지만
용부(龍趺)라 불러야 하지 않을까?

둘째 '이문(螭吻)'은 멀리 보기를 좋아하여
지붕에 장식한다고 했으니
이도 '치미'가 아니라 '용미'로 이해해야 할 것이다.

셋째 '포뢰(浦牢)'는 울기를 좋아하여
종 고리로 삼았다.
종을 치는 당목은 고래의 형상이다.

용이 고래를 보면 놀라 소리를 지른다니
용의 체면을 구기는 셈이다.

넷째 '폐안(狴犴)'은 공공심이 강하여 정의롭고
주위를 잘 살펴 위엄을 지킨다.
그래서 관아나 감옥의 문 위에
들개처럼 생긴 얼굴을 새겼다.

다섯째 '도철(饕餮)'은 4흉(凶)이라 불리던
옛 중국의 네 마리의 사나운 짐승 중 하나이다.
쇠를 먹기 좋아하여
솥뚜껑이나 제기에 새겼다.

여섯째 '공복(蚣蝮)'은 물을 좋아하여
물길로 들어오는 잡귀를 막아 달라는 염원에서
물가나 다리에 표현했다.

일곱째 '애자(睚眦)'는 싸우고 죽이기를 좋아하여
칼자루나 도끼에 표현한다.

여덟째 '산예(狻猊)'는 사자를 닮았는데
불과 연기를 좋아하여 향로나 화로에 표현했다.
불상의 대좌에 새기기도 하는데
이때에는 금예라고 한다.

아홉째 '초도(椒圖)'는 꽉 막힌 성격을 가져
다른 사람들이 자신의 영역으로
들어오는 것을 매우 싫어한다.
그래서 대문이나 궤짝의 문고리에 새긴다.

그런데 왜 하필 아들이 9명일까?
아홉은 양수 가운데 가장 큰 수로
그만큼 용의 변주가 무한하다는 것을 말하고 있다.

태종무열왕의 능비에는
다른 비석과 마찬가지로
용의 아홉 아들 중 첫째와 둘째가 있다.

첫째 아들은 비좌인 귀부에
둘째 아들은 이수에 표현되어 있다.

당시 당나라 작품을 능가하는 것으로 평가하는 귀부

태종무열왕릉 앞 비각 안에는 비신은 없어지고 귀부와 이수만 남아 있는 태종무열왕릉비가 있는데, 국보로 지정되어 있다. 이 비는 무열왕이 661년에 서거했으므로, 이로부터 멀지 않은 시기에 건립되었을 것으로 추정된다.

이와 같은 능비가 이전의 신라왕릉에는 보이지 않던 것으로 이는 왕릉의 축조 및 능묘 배치에 처음으로 당의 제도가 도입된 것을 의미한다. 이후 30대 문무왕, 33대 성덕왕, 42대 흥덕왕에서 능비가 확인되고 있다.

『신증동국여지승람』 '고적' 조에 이 비와 관련하여 조위(曺偉 1454-1503)의 시가 기록되어 있다.

"…끊어진 비석이 거친 풀 속에 누웠는데 높이 쳐든 귀부(龜趺)가 보이네…. 이것이 무열왕릉… 비문을 어루만지며 읽노라니 이지러진 글자 많아 알아보기 어렵구나…."

이 시의 내용으로 미루어 당시에 마모된 글자가 많았지만, 온전한 형태의 비석이 존재하였을 것으로 추정된다.

이수 중앙에 '태종무열왕릉지비' 8자가 양각되어 있다(좌).
귀부는 거북의 입김과 콧김까지 표현하는 등
조각의 치밀함에 놀라움을 금할 수 없다(우).

화강암으로 만든 귀부는 머리가 서남쪽을 향하고 있는데 길이 약 3.33m, 폭 2.54m이다. 귀부는 장방형의 받침석 위에 얹혀 있다. 목을 높이 쳐들고 발을 기운차게 뻗고 있어 앞으로 나아가고 있는 모습이다. 과감한 기상을 보여주면서도 표정은 엄격하지 않고 오히려 편안해 보인다. 비좌(碑座)는 연꽃으로 이루어져 있고 거북 등에는 4중의 육각형 귀갑문이 새겨져 있다.

거북이의 앞 발가락이 다섯이고 뒤발가락은 넷인데, 이는 거북이가 힘차게 나갈 때 뒷발의 엄지발가락이 안으로 밀려들어 간 것을 표현한 것이다. 또 거북이가 힘을 줄 때 턱밑이 붉어지는 것을 보여주기 위해 자연석의 붉은 부분을 거북이의 턱으로 삼았다.

거북의 등에 새겨진 구름무늬와 당초문, 보상화문, 머리와 목의 주름 그리고 입김과 콧김까지 표현하는 등 조각의 치밀함에 놀라움을 금할 수 없다.

이수(螭首)의 높이는 약 1.1m인데, 여의주를 받들고 있는 좌우 3마리의 용이 상대방의 앞발을 꼬리로 꼬고 전체적으로는 좌우대칭을 이루고 있다.

용의 다리와 비늘 하나하나가 생동감 있게 조각되어 있어 당시 석조예술이 대단한 경지에 이르렀음을 잘 보여준다.

중앙에는 전서체로 '太宗武烈王之碑'라는 2행 8자가 양각되어 있다. 조선 후기의 서화가인 이우(李俁)의 『대동금석서속(大東金石書續)』에 의하면 비문의 글을 당대의 명필이며 무열왕의 아들인 김인문이 썼다고 한다. 이 명문으로 무열왕릉은 신라 역대 능묘 중에서 피장자가 확실한 유일한 능이 되었다. 따라서 무열왕의 능묘를 기준으로 삼국 및 통일신라 왕릉의 형식을 구분한다.

일부에서는 이수와 귀부가 다른 재질의 암석으로 조성되어 제작 시기가 서로 다를 수도 있다는 주장을 펴기도 한다.

이 비석의 비편이 부근에서 발견되어 현재 국립경주박물관에 있으나 극히 일부 조각에 지나지 않아 그 내용을 추정할 수 있는 단서를 찾을 수 없어 아쉽다.

귀부의 네 모퉁이에는 초석이 남아 있어 애초에도 비각(碑閣)이 있었던 것으로 추정된다. 이 귀부와 이수는 비록 당나라의 영향을 받았다고는 하나, 그 정교함과 화려함에 있어서 당의 조각품을 능가하는 것으로 평가하고 있다.

20세기 위대한 건축가의 한 명으로 손꼽히는 미즈 반 데어 로에(Ludwig Mies van der Rohe)는 "신은 디테일 속에 있다(God is in the details)."고 하였다.

이 귀부와 이수의 조각 솜씨는 한마디로 신의 경지에 이르렀다고 해야 할 것이다.

이 비석을 만든 장인은 신라 최고 불교 예술인 양지(良志) 스님이 아닐까?

『삼국유사』에 의하면 그는 영묘사의 장륙삼존상과 천왕상, 전각과 탑의 기와, 사천왕사의 팔부신장과 법림사의 주불삼존과 좌우 금강신 등을 모두 그가 만들었다고 한다. 이 외에도 영묘사와 법림사 현판도 그가 썼다고 한다.

당시 그는 신라 최고의 예술가로 이 태종무열왕릉비도 그의 작품이 아닐까 하는 생각이 든다.

• 외세를 끌어들여 통일하였기 만주 땅을 잃어버렸다?

"부족함은 실패의 핑계가 되기도 하지만, 또 다른 측면에서는 성공의 원인이 되기도 한다. 유대인의 성공 비결은 이 '부족(lack)'함에 있다"
이스라엘 '창의융합형 글로벌 인재 육성의 대가'인 헤츠키 아리엘리 (Hezki Arieli)의 말이다.

고구려, 백제, 신라 삼국 중 가장 부족하고 불리한 나라가 신라였다. 지역이 한반도 동남쪽에 치우쳐 있어 외래 선진 문물을 받아들이기 힘들었고, 북으로 고구려, 서로는 백제, 남으로는 가야제국, 동으로는 왜가 에워싸고 있어 이들의 침입에 대비해야 했다. 유대인이 성공한 것이 부족함에 있었던 것과 마찬가지로 불리한 환경 때문에 역설적으로 신라는 삼국을 통일하고 찬란한 문화를 꽃피울 수 있었을 것이다.

그런데 일부에서는 신라가 외세의 힘을 빌려, 삼국을 통일하고 그것도 불완전한 통일로 광활한 만주 땅을 잃어버렸다는 것이다. 이와 같은 주장을 한 학자 중 원조가 단재 신채호이다. 그는 저서 『독사신론(讀史新論)』에서 이렇게 주장하였다.
"다른 종족을 불러들여 동족을 멸망시키는 것은 도적을 끌어들여 형제를 죽이는 것과 다를 바 없다…"
이어 신채호는 김춘추를 사대주의자, 김유신은 간사한 장수라 폄훼하고 신라가 외세를 끌어들였기 때문에 우리의 영토가 줄었다며 신라에 의한 통일을 신랄하게 비판하였다.
하지만 당시 신라, 고구려, 백제 삼국 사이에 동족의식이 있었을까?

이에 대해 부정적으로 보는 학자들이 많다. 신라의 입장에서는 고구려와 백제도 당이나 왜 등과 마찬가지로 적국이었다. 이런 생각은 고구려와 백제도 마찬가지였다.

단재 이후 일부 재야 사학자들도 신라의 삼국통일 의의를 깎아내리고 있다. 특히 신라가 중국 왕조로부터 책봉을 받고 수차에 걸쳐 조공을 하고 처음에는 독립적 연호를 썼지만, 시간이 지나고 중국에 조공을 바치면서 연호를 없앴다는 것이다. 따라서 한반도 역사의 정통성은 신라가 아닌 고구려와 발해에 있다고 주장한다. 그들은 또 통일신라는 백제와 고구려의 옛 땅 가운데 대동강 이남만 차지하게 되어 발해가 우리의 역사에서 제외되었다고 믿고 있다. 발해가 없다고 보면 신라가 삼국을 통일했다고 볼 수 있으나 발해를 놓고 삼국통일이라고 말할 수 없다는 것이다. 그리하여 고구려의 정통성은 발해로 갔다고 봐야 한다고 하였다.

또, 김창겸 한국학중앙연구원 선임연구원은 '신라국왕의 황제적 위상'에서 이렇게 주장하고 있다.

『삼국사기』「고구려본기」에 "광개토대왕이 재위 9년 봄 정월에 연나라에 사신을 보내 조공했다." 또 안원왕 때에도 "동위에서 조서를 내려 왕에게 표기대장군을 더하고, 나머지는 모두 이전과 같게 했다. 사신을 위나라에 보내 조공했다."라는 기록이 있다. 신라뿐 아니라 고구려도 중국에 조공을 한 것이다.

당시 고구려·백제·신라 삼국 모두 체제를 유지하기 위해 중국, 왜와 활발한 교역을 했으며, 상호 간 조공을 하는 경우도 있었다. 하지만 당시 조공의 의미는 '약한 나라가 강한 나라에 예물 등을 바치는 것'이라기보다는 국가 생존 차원에서의 교역이란 뜻이 더 정확하다. 그럼에도 이들은 신라가 중국에 사대를 한 것처럼 보고 있다.

또 신라가 독자적 연호를 쓰다가 없앴다고 하지만, 사실 삼국 중 독자적 연호를 가장 오랫동안 사용한 나라는 신라였다. 신라는 무려 114년간 7개의 독자적인 연호를 썼다. 고구려는 5개의 연호를 사용했으나, 광개토대왕 때 사용했던 '영락'이란 연호를 제외하고는 정확한 연대를 확인하기 어렵다. 백제는 확실하게 밝혀진 연호가 아직 없다. 그리고 무엇보다 신라는 황제국가로서의 위상을 지녔었다. 『삼국유사』 「기이」 편 '태종춘추공' 조에서 신라인들이 당시를 '성대(聖代)'라고 한 것은 신라를 이상국가로 일컬었음을 의미한다. 그리고 태종무열왕의 태종은 황제의 시호였다. 이때 당에서 이 시호를 폐지하라는 압력을 가했으나, 신라는 이에 굴하지 않았다. 황복사금동사리함 명문에서는 효소왕의 어머니를 '신목태후'라고 표현하였다. 왕 스스로 '짐(朕)'이라 했고, 왕의 죽음을 '붕(崩)'이라 했다. 모두 황후와 황제를 지칭하는 용어들이다.

또 김 연구원은 "신라 국왕이 주변국을 제후국에 봉했다."며 "탐라국을 속국으로 조공을 받았고, 고구려의 귀족 출신 안승을 고구려왕(뒤에 보덕국왕)으로 책봉하고 표문을 받았으며, 대조영이 발해를 건국하자 그를 대아찬에 책봉함으로써 탐라와 보덕국과 발해를 번국으로 설정하고 그 우두머리를 제후에 임명했다."고 밝혔다. 이는 신라의 자주성과 독자성을 보여주는 대목이다.

만약 고구려가 삼국을 통일했다면 넓은 만주까지 우리 민족의 활동 무대가 되었으리라고 아쉬워하는 사람들이 있다. 하지만 역사에 가정은 없다. 즉 역사란 상상과 추측의 학문이 아니고, 해석과 고증의 학문이다.

해서는 안 되는 가정이지만 만약 고구려가 삼국을 통일했다면 어떻게 되었을까? 오늘까지 민족국가의 명맥을 유지할 수 있었을까?

거란족의 요나라, 여진족의 금나라, 몽고족의 원나라, 만주족의 청나라는 한때 중원을 차지했었다. 하지만 지금 이들 민족은 어떻게 되었나?

신라의 삼국통일은 민족의식을 가진 민족 집단이 생기는 계기를 만들었다는 측면에서 큰 의미가 있다. 신라의 삼국통일을 기점으로 하나의 민족이라는 역사적 인식이 생겨나기 시작하였기 때문이다. 이후 신라가 확보한 한반도란 공간은 민족의 생존 터전이 되고 신라어는 한국어의 원형이 되었으며, 신라의 문화가 한국인의 현재의 삶 속에서 면면히 흐르고 있다. 따라서 신라가 민족사의 정통이다.

서악동 고분군은 누구의 무덤일까?

다음은 영국의 수필가인 찰스 램에 관한 일화이다.

그는 33년간 직장생활을 하면서
그의 동료 콜리지, 로이드와 함께
시집을 내고 '런던'지에 글을 기고하는 등
끊임없이 글을 썼다.
하지만 직장 때문에 퇴근 후에나 글쓰기가 가능했기에
다음과 같이 생각하며 늘 정년퇴직을 기다렸다.
"마음대로 할 수 있는 시간이 있으면 좋겠다."

마침내 그는 정년퇴직하게 되었다.
마지막 출근을 하는 날,
구속받던 시간은 없어지고
글쓰기에만 몰두할 수 있다는 생각에 마냥 행복했다.
동료도 그런 그의 마음을 잘 알기에
많은 축하를 해주었다.
"이제 밤에만 쓰던 작품을 낮에도 쓰게 되었으니

앞으로 나올 작품이 더욱 빛나겠군요."

기분이 좋았던 찰스 램은 재치 있게 동료에게 말했다.
"햇빛을 보고 쓰는 글이니 별빛만 보고 쓴 글보다
더 빛이 나는 건 당연하겠지요."

그러나 그로부터 3년 후,
찰스 램이 옛 동료에게 보낸 편지 내용에는
이런 글이 적혀 있었다고 한다.
"한가하다는 것이 이렇게 괴로운지 몰랐습니다.
매일 할 일 없는 시간이 반복되고 많아지다 보니
어느새 자신을 학대하는 마음이 생기는 것 같습니다.
좋은 생각도 삶이 바쁜 가운데서 떠오른다는 것을
3년이 지난 지금에서야 깨닫게 되었습니다.
나의 이 말을 부디 가슴에 새겨
부디 바쁘고 보람 있는 나날을 보내기 바랍니다."

필자도 찰스 램과 마찬가지로 퇴임을 하면
책도 마음껏 읽고
경주는 물론 전국 구석구석 문화유산 답사도 하며
인도, 스리랑카, 동남아, 중국, 대만, 일본 등 불교 유적을
둘러보리라 생각했다.
그리고 문화유산에 대해 멋지게 글도 쓰리라 마음먹었다.

그런데 퇴임을 한 지 어언 15년의 세월이 흘렀다.
하지만 아직 퇴임하면서 생각한 것들을
절반도 이루지 못하고 있다.

나에게 보낸 편지가 아니지만
찰스 램의 편지가 위로가 된다.
그렇다고 퇴임 당시의 생각을 접은 것은 아니다.
어제도 도서관에 가서 문화유산과 관련된
도서를 대출해서 그 책을 읽으며
이렇게 글을 끄적거리고 있다.

• 피장자가 확인되지 않고 있는 서악동 4기의 고분

일본의 어느 사찰에서는 연고자가 현지에 살지 않은 사람들을 위해 명복을 비는 의식을 유족들에게 생중계하기도 한다는 보도가 있었다. 후손들은 참 편리한 세상이라고 생각할 수도 있겠지만 왠지 입맛이 쓰다.

산길을 걷다 보면 허물어진 묘를 자주 보게 된다. 최근 몇 년 사이 무연고 묘가 더욱 늘어난 것 같다. 수년 수십 년 사이에 이런 무연고 묘가 부쩍 늘어났으니 천 년 여의 세월이 흐른 옛 신라 능묘의 주인을 모르는 것이 어쩌면 당연한 일일지도 모르겠다.

사적으로 지정된 무열왕릉 바로 뒤편 구릉에 있는 4기의 대형 무덤도 그 주인이 누군가에 대해서는 학계의 의견이 분분하다.

이 무덤들은 경주 시내 평지에 분포하는 대형 무덤과 비슷한 형태로 둥글게 흙을 쌓아 올렸다. 누구의 무덤들인지 알 수 없으나 무열왕릉의 위에 자리 잡고 있고 대형인 것으로 보아 왕이나 왕족의 무덤일 것이다.

봉분의 높이는 10m 남짓하고 밑 둘레는 110~140m에 달하는 비교적 큰 무덤들이지만, 경주시의 중심부에 있는 평지 고분들과는 다르게 구릉지에 있는 것으로 보아 그 구조 역시 적석목곽분과는 달리 무덤 내부를 돌로 쌓아 공간을 마련하고 주검을 넣은 석실고분으로 추정하고 있다.

이곳으로부터 북쪽 선도산 산록에는 진흥왕릉(眞興王陵), 진지왕릉(眞智王陵), 문성왕릉(文聖王陵), 헌안왕릉(憲安王陵)이 있다. 또 동편으로 길게 뻗는 능선들과 남편의 대구-경주 간 국도가 통과하는 소태고개의 좌우 능선들에도 많은 고분들이 분포하고 있다. 이 고개의 동편에 남북으로 길게 뻗은 능선을 장산이라고 부르는데, 이곳의 남쪽 하단부에는 장산 토우총(土偶塚)이 있다. 그리고 서쪽으로 계곡을 건너 약 2km 떨어진 곳에 법흥왕릉(法興王陵)이 있다. 그러나 이 주위에 있는 왕릉들은 무열왕릉을 제외하고는 모두 피장자가 확인되지 않고 있다.

사적으로 지정된 무열왕릉 위 구릉에 있는 4기의 대형 고분

무열왕릉 뒤의 선도산에서 동쪽으로 향한 능선을 따라 분포하는 이 4기의 대형 고분들을 서악동 고분군이라고 하는데, 위에서부터 1·2·3·4호분으로 구분하고 있다.

1호분은 높이 8m, 직경 39m의 원형봉토분으로 봉토자락의 1.7m 높이에 자연석으로 쌓은 축대가 돌려져 있다. 2호분은 높이 8m, 직경 40m의 원형봉토분으로 봉토자락 3m 높이에서 경사지게 세워진 자연석이 드문드문 드러나 있다. 3호분은 높이 12m, 직경 60m의 원형봉토분으로 봉토자락 1.5m 높이에서 경사지게 세워진 자연석이 보인다. 4호분은 높이 10m, 직경 50.9m의 원형봉토분으로 봉토자락 2m 높이에서 경사지게 세워진 자연석이 있다.

이 4기의 고분군은 돌방무덤[석실분(石室墳)]으로 무덤 형식이 바뀌면서 신라의 왕릉이 산으로 이동한 것이 인정되는 점, 돌방무덤을 채용하면서 왕릉의 규모가 보다 축소되었으나 경주를 비롯한 주변 지역에 남아 있는 대형분들 가운데 이 고분들이 최대형 분에 해당한다는 점 등으로 보아 현재 이 주위에서 왕릉으로 전해지는 것들보다는 이 무덤들이 왕릉일 가능성이 클 것으로 짐작된다. 그리고 이 고분들의 위치가 무열왕릉 바로 뒤쪽으로 상하 일렬을 이루고 있는 점, 풍수지리에 합당한 지형을 갖추고 있는 점 등을 들어 단순한 왕릉이 아니라 무열왕의 직계 조상 왕들의 능으로 추정하기도 한다.

한편, 조선 순조 때의 추사 김정희는 그의 『추사집』에서 '진흥왕릉고(眞興王陵攷)'라는 글을 통해 이들을 법흥왕릉, 진흥왕릉, 문성왕릉, 헌안왕릉 등으로 추정하였다. 그는 『동경잡기』 '능묘' 조에 진흥왕릉이 서악동에 있다는 기록을 근거로 1호분을 진흥왕릉으로, 무열왕릉과 진지왕릉이 영경사 북쪽에 있다는 기록으로 동일한 공간에 두 왕릉이 존재할 것으로 추정하고 2호분을 진지왕릉이라고 하였다. 이어서 3호분과 4호분을 각각 문성왕릉과 헌안왕릉으로 추정하였는데, 이는 두 왕릉이 모두 공작지에 있다는 '능묘' 조의 기록과 경주 사람들에게 전해오던 서악동의 별칭인 산작지에 주목하고 공작지와 산작지를 동일한 지역으로 생각하여 이렇게 추정한 것이었다.

• 4기의 고분 피장자에 대해 여러 의견이 있다

누구에게나 듣기 싫은 소리가 있다.

노처녀에게 "아줌마! 꼭 처녀 같아요."
변호사는 "법 없이도 산다."
한의사는 "밥이 보약입니다."
치과의사에게는 "이 없으면 잇몸으로 살지."
학원강사는 "쟤는 하나를 가르치면 열을 알아요."
산부인과 의사에게는 "무자식이 상팔자."

그렇다면 고고학자들이 가장 듣기 싫어하는 고분은?
고분의 내부 구조가 어떠한지,
언제 조성된 무덤인지,
피장자가 누구인지,
모두 알려진 고분이 아닐까?

이 서악동 고분군에 대해서
추사 김정희, 강인구, 전덕재, 윤무병, 최병헌, 홍보식, 이근직 등
여러 학자들이 관심을 보이고 있다.

이렇게 서악동 고분군이 학자들에게
인기가 있는 이유는 무엇일까?

추석이 가까워지면서 인사치례해야 할 분들에게 작은 선물이라도 보내야 하지 않을까 하면서도 소위 '김영란법' 때문에 부담을 느끼는 사람들이 더러 있다. 이에 문득 생각나는 한 인물이 있다.

조선 전기의 문신이었던 정붕(鄭鵬, 1467-1512)은 천성이 매우 강직하여 의가 아닌 것은 행하지 않았다. 당시 임금인 중종은 정붕을 가까이 두려 했다. 하지만 그는 거듭 높은 자리를 마다하다가 마지못해 한가한 벼슬인 청송부사로 내려갔다. 정붕이 고을을 잘 다스리고 있던 어느 날 평소 절친했던 좌의정 성희안이 그에게 편지를 보냈다.

"청송의 특산물인 잣과 꿀을 보내 줄 수 있겠나?"

그는 편지를 읽고 이렇게 답장을 써 보냈다.

"잣은 높은 산꼭대기에 있고, 꿀은 백성의 집 벌통 속에 있는데 제가 무슨 재주로 그것을 구해 드리겠습니까?"

정붕의 편지를 읽은 성희안은 부끄럽게 생각하고 바로 잘못을 사죄하는 글을 보냈다. 하지만 정붕은 성희안의 편지를 받은 그날 부사 직무를 내놓고 바로 시골로 내려가 버렸다.

당시로는 별것 아닌 청탁을 거절하고 미련 없이 벼슬을 던졌던 것이다. 정붕 그분은 오래전 김영란법을 한 치도 어긋나지 않게 지키고 있었던 것이다. 앞으로 우리나라의 모든 관리가 정붕과 같은 태도를 갖게 되는 그런 날이 반드시 오리라 굳게 믿어본다.

서악동 4기의 고분군에 대해 강인구는 김정희의 주장을 수정하여 1호분은 법흥왕릉, 2호분은 진흥왕릉, 3호분은 진지왕릉, 4호분은 무열왕의 아버지인 용춘, 즉 문흥대왕릉으로 비정하였다. 그는 『삼국사기』 「신라본기」와 『삼국유사』 「왕력」 및 「기이」 편의 관련 기록이 비슷하다는데 착안하여 1~3호분을 각각 위와 같이 추정하고, 4호분은 무열왕 대에 문흥왕으로 추봉된 무열왕의 아버지인 김용춘의 묘로 추정하여 이 일대를 무열왕 직계의 능역으로 규정하였다.

이 4기의 고분군에 대한 사료를 살펴보면 『삼국사기』「신라본기」에는 법흥왕과 진흥왕의 장지를 애공사 북봉이라고 했고, 진지왕과 무열왕은 영경사 북쪽에 장사 지낸 것으로 기록되어 있다.

『삼국유사』「왕력」에서 법흥왕릉과 진지왕릉은 애공사의 북쪽에 있다고 하고, 「기이」에서는 무열왕은 애공사 동쪽에 장사 지낸 것으로 기록되어 있다.

따라서 법흥왕릉·진흥왕릉·진지왕릉·무열왕릉의 위치를 확인하기 위해서는 애공사와 영경사를 찾아야 한다.

현재 애공사는 효현동 삼층석탑이 있는 외외마을의 절터로, 영경사는 서악동 삼층석탑 부근의 절터로 알려져 있다. 하지만 『삼국사기』와 『삼국유사』의 기록으로는 애공사와 영경사는 법흥왕릉·진흥왕릉·진지왕릉의 남쪽에, 무열왕릉의 서쪽에 있어야 한다. 하지만 현재 애공사지와 영경사지로 알려진 곳은 이들 왕릉과 관련이 없거나 선도산 너머 반대편에 있어 두 사서의 기록과는 차이가 있다.

이에 대해 이근직은 애공사와 영경사는 같은 사찰이고, 능남마을(현재 능의 남쪽에 마을이 있다고 해서 붙여진 마을 이름이다) 서쪽에 2006년 4월 지표조사에서 많은 와편과 무문전(無紋塼)이 수습된 유적지를 애공사 또는 영경사지로 추정하였다. 이 절터를 기준으로 무열왕릉은 동북 방향이고, 4기의 대형분은 북쪽이 된다. 따라서 『삼국사기』와 『삼국유사』의 기록과 부합한다는 것이다.

이에 이근직은 1호분은 진지왕릉, 2호분은 진흥왕릉, 3호분은 법흥왕비인 보도부인, 4호분은 법흥왕릉으로 보고 있다.

3호분과 4호분을 각각 보도부인릉과 법흥왕릉으로 본 이유는 이전의 묘제인 적석목곽분으로 합장이 불가능했거나 석실분이지만 이전의 예에 따라 합장을 하지 않았을 것이나, 진지왕과 진흥왕릉의 경우에는 석실분이 일반화되어 왕비와의 합장이 가능했을 것으로 보고 있다.

그러나 『삼국유사』 「왕력」에 '흥덕왕이 왕비 장화 부인과 합장되었다'는 기록 이외에는 합장에 관한 문헌 기록이 없고, 왕후의 능에 대한 기록도 찾아볼 수가 없다. 『삼국유사』 「기이」 편에 혁거세와 함께 왕후도 세상을 떠났다는 기록은 있으나, 왕후의 장지에 대해서는 언급이 없다. 따라서 3호분을 법흥왕의 왕비인 보도 부인의 능으로 추정하는 이근직의 주장에는 동의하기 어렵다.

필자는 1호분은 법흥왕릉, 2호분은 진흥왕릉, 3호분은 진지왕릉, 4호분은 무열왕의 아버지인 용춘, 즉 문흥대왕릉으로 비정한 강인구의 주장이 더 사실에 부합하지 않을까 한다.

부왕 가까이 김인문 잠들다

김인문은 어릴 때부터 유가 서적을 읽으며
유학이라는 학문에 관심이 많았다.
'인(仁)을 묻는다'라는 뜻인
'인문(仁問)'이라는 이름을 살펴보면
아직 고유어 이름이나 불교식 이름이 많았던
신라 중고기 사회 분위기로는 굉장히 유학적인 이름이다.
'인(仁)'은 유학이 추구하는 가장 기본적이며
궁극적인 덕목이다.

670년 나당전쟁이 터지자
설인귀가 문무왕과 김인문 형제 사이를
이간시키려고 별짓을 다 했다.
674년에는 형 문무왕이 멀쩡히 있는데도 황제를 설득하여
동생 김인문을 문무왕 대신 명목상의 신라왕으로 책봉해
신라로 보내기로 했다.
중간에 끼인 김인문은 일단은 간곡히 사양했지만
어쩔 수가 없었다.

그러나 문무왕은 김인문의 입장을 이해하고
별로 의심하지 않았다.
이후 김인문도 왕위에 대한 욕심을 보이지 않아
그냥 넘어간 것으로 보인다.

왕인 아버지나 형을 죽이고
왕위를 찬탈한 사례가 많음에도 불구하고
김인문은 형을 대신하여
왕위에 오를 수 있음에도
이에 초연한 자세를 보였다.

그리고 지금 이렇게 부왕인 태종무열왕의 곁에
잠들고 있다.
무덤 속에서 김인문은 어떤 생각을 하고 있을까?
부왕인 아버지를 지금도 그리워하고 있지 않을까?

오래전에 읽은 박광수의 『등대』라는 책에 이런 글이 있다.
"내 인생에는 언제나 등대가 하나 있었습니다.
그 빛은 멀리서부터 나를 인도하였지만
단순하게 강렬하지만은 않았습니다.
그 빛은 늘 온화한 빛을 가지고 있었으며
언제나 나를 올바른 길로 이끌어 주었습니다.
오랜 시간이 흐른 뒤에
등대 옆을 지나갈 일이 있었습니다.

별생각 없이 배에서 내려 등대로 다가가 보았습니다.
낡은 등대 문에는 조그만 문패가 달려 있었습니다.
'아버지'라고 말입니다."

부왕인 태종무열왕이 김인문에게는
등대였다는 생각을 해본다.

• 김인문은 신라의 왕이 될 뻔했다

김인문 묘를 찾아가려면 서천교를 지나 바로 좌회전을 해야 한다. 이 길은 과거 대구로 가던 국도인데 갯들 가운데를 지난다. 갯들은 경주에서 곡창지대로 알려져 있었다. 이곳 탁 트인 벌판 한가운데를 지나면 가슴이 뻥 뚫리는 기분이 되곤 했었다. 그런데 지금은 길 좌우에 딸기를 비롯한 특용 작물을 재배하는 여러 동의 비닐하우스가 시야를 가리고 있어 갑갑한 느낌이다.

'갯들'은 '개의 들판'이다. 여기서 '개'란 '견(犬)'이 아니고 강이나 내에 '조수가 드나드는 곳'을 이른다. 또 '물이 있는 곳의 가장자리'라는 의미도 있다. 서천이 범람하면 이 일대는 온통 물에 잠기게 되어 '갯들'이라 불리게 되었다. 홍수 때 강 상류에서 내려온 침전물로 경주 어느 지역보다 비옥한 땅이다.

벼들이 곱게 익어간다. 익어가는 벼 냄새를 맡으려 차창을 열었다. 맞은편에서 불어오는 바람에 콧등이 간질거린다. 서쪽이나 서북쪽에서 선선하게 불어오는 이 바람을 하늬바람이라고 한다. 가을에 분다고 해서 갈바람이라고도 한다.

바람에 대한 순우리말로는 동풍을 샛바람, 남풍을 마파람, 북풍을 댑바람이라고 한다. 아름다운 이런 말들을 일상생활에서 자주 사용했으면 하고 바라본다.

하늬바람에 절로 기분이 좋아져서 콧노래를 흥얼거린다. 중앙선 폐철로 아래를 지나니 오른쪽으로 무열왕릉이 보이고, 왼편으로 2기의 고분이 있다. 그중에서 비각이 있는 쪽이 김인문의 묘로 전해지고 있다. 일제강점기에 대구로 가는 국도가 개설되기 이전에는 무열왕릉과는 동일 능묘역(陵墓域)이었다. 이 묘의 남쪽으로 조금만 비켜 길을 냈으면 하는 아쉬움이 있다.

김인문의 장지에 대해서 『삼국사기』 「열전」에 '窆于京西原(폄우경서원)'이라고 해서 왕경 서쪽 벌판으로 기록되어 있다.

이 묘는 지역 주민들로부터 각간 묘 또는 김양 묘로 알려져 왔다. 그러다가 1968년에는 이병도가 김유신 묘라고 주장을 하였다.

서악서원에서 발견된 비편의 비문을 판독한 결과 이 묘가 김인문 묘라는 사실을 확인하게 되었다.

1932년 이곳으로부터 서북쪽으로 200여 미터 서악서원 영귀루 북편에서 비편이 수습된 적이 있는데 이 묘의 동북쪽에 있는 비각 속 귀부의 비신 홈과 이 비편이 일치한다는 사실을 확인한 후 비문의 내용 일부를 판독하여 김인문 묘로 인정하게 되었다.

김인문은 태종무열왕의 둘째 아들로 태어났다. 『삼국사기』의 기록에 의하면 그는 어려서 배우기에 힘써 유가의 서적을 많이 읽었으며, 동시에 장자와 노자 그리고 불교 서적을 널리 섭렵하였다. 또한 글씨를 잘 쓰고, 활쏘기, 말타기, 향악을 잘하였다. 이처럼 기예에 익숙하고 식견과 도량이 넓어 당시 사람들이 그를 추앙하였다.

그의 형은 훗날 문무왕이 되는 법민이고 동복아우로는 문왕, 노차, 지경, 개원 등이 있는데 모두 각간 벼슬을 하였고, 문희 즉 문명왕후의 소생들이다. 이복아우는 개지문, 차득, 마득 등과 여동생을 합하여 모두 다섯이었다.

『삼국유사』의 이 기록과는 달리 『삼국사기』에서는 문왕, 노차, 인태, 지경, 개원 등이 무열왕의 서자로 기록되어 있다. 또 여자 형제로 대야성 도독이었던 품석의 부인인 고타소가 있는데 『삼국사기』에는 무열왕과 문명왕후와의 사이에 태어났다고 하였으나, 『화랑세기』에는 보량궁주의 소생으로 기록되어 있다.

김인문은 7차에 걸쳐 22년간 당나라에 들어가 숙위(宿衛)를 하였다. 숙위란 당시 당나라 주변국의 왕자들이 당의 군주를 호위하는 제도로 신라의 경우에는 외교사절 등 다양한 역할을 하였던 것이다.

651년(진덕여왕 5) 인문의 나이 23세 때 당나라 고종은 그를 좌령군위장군으로 제수하였다. 이후 660년(무열왕 7)에는 당나라 군대의 2인자인 신구도행군부대총관에 임명된다. 또 668년 형인 문무왕과 함께 평양에 이르러, 당나라 군사와 함께 고구려를 멸망시켰다.

674년 문무왕이 당나라를 배신한다고 생각한 당 황제는 왕의 관작을 박탈하고 인문을 새로운 신라의 왕으로 내세웠으나, 인문은 이를 간곡히 사양하였다. 이후 문무왕이 형식상 사죄사를 보내자, 황제가 이를 받아들여 인문은 도중에서 당나라로 돌아갔다.

이후 인문은 694년(효소왕 3) 당나라 수도에서 죽어 유해를 신라로 호송하여 이곳에 묻혔다. 훗날 효소왕은 그에게 태대각간을 추증하였다.

• 묘비를 세웠던 귀부가 남아 있는 김인문 묘

무열왕릉 위 4기의 고분에 이어
김인문 묘, 김양 묘에 대해서
각각 2회씩 모두 여섯 차례에 걸쳐
이곳 서악동 고분에 대한 이야기를 이어가고자 한다.

다음은 호메로스의 '오디세이아'에 있는 이야기이다.
오디세우스가 저승에서 아킬레우스를 만나 이렇게 물었다.
"당신은 살아있을 때도 굉장히 높임을 받았는데,
죽어서도 이렇게 죽은 자들 사이에
왕 노릇을 하니 얼마나 좋으냐?"
이 말을 들은 아킬레우스가 말했다.
"죽어서 모든 사람들을 다스리는 것보다
살아서 아무 재산도 없는 사람 밑에서
종살이를 하는 게 더 낫다."

이런 속담도 있다.
'개똥밭에 굴러도 이승이 좋다.'
천하고 고생스럽게 살더라도
죽는 것보다 사는 것이 낫다는 것이다.

팽조(彭祖)는 800년이나 살았다고 하는
중국 전설 속의 인물이다.

고증할 수 없으나,
중국 다수의 역사서에 팽조에 대한 언급이 있다.
그가 죽으면서 이런 유언을 남겼다고 전해진다.
"내 이렇게 일찍 죽을 줄 알았다면
침을 멀리 뱉지 않고
헛되이 기운을 쓰지 않았을 것을!"

이 고분의 주인공은 지금 어떤 생각을 하고 있을까?
살아 이 고분을 둘러보고 있는 필자를
혹 부러워하고 있을지도 모른다는 생각을 해 본다.
갑자기 어깨가 으쓱해진다.

하지만 필자도 세상의 빛을 보고 있을 날이 얼마나 될까?
그리 오랜 세월이 남아 있는 것 같지는 않다.
10년? 욕심을 내면 20년?

그렇다면 이제 머지않아 묻히게 될 나 자신의 묘는?
아니 요사이 화장이 대세인데 무덤 운운하는 것이
자식들에게 부담이 되는 것은 아닐까?
지금까지 살아오면서 자식들에게
이렇게 해라 저렇게 해라
잔소리를 해 왔으니
죽음 이후의 일은 자식들의 뜻에 맡겨야 하지 않을까?

현재 자신의 신분에 전혀 어울리지 않은
엉뚱한 생각에 갑자기 어리둥절해진다.

경상북도 기념물로 지정된 김인문 묘는 원형봉토분으로 봉분의 높이는 7.0m, 봉분 직경은 27.1m, 둘레는 85.4m이다. 횡혈식 석실분으로 추정하고 있다. 봉분 아래쪽은 괴석으로 둘러싼 호석이 있고, 서북쪽으로는 받침석 5개가 호석에 기댄 채 노출되어 있다. 묘의 동북쪽 비각 안에 묘비를 세웠던 귀부가 남아 있다.

김인문 묘비의 귀부는 무열왕릉 귀부와 비슷한 양식이다(좌).
서악서원에서 발견되어 국립경주박물관에 전시 중인 비편(우상)과 비문의 내용(우하).
비문 내용 중 일부가 『삼국사기』 「열전」 '김인문'조의 내용과 같다.

이 귀부는 태종무열왕릉의 귀부와 비슷한 양식이다. 거북이 목을 길게 빼고 힘차게 앞으로 나아가고 있는 형상이다. 앞 뒷발의 발가락이 모두 5개인 점이 태종무열왕릉 귀부와 다르다. 목에 새겨진 5가닥의 주름이 사실적이고 자연스럽다. 거북 등의 육각 무늬 주위로 구름 문양을 새기고 그 바깥쪽으로 구슬을 꿰어 놓은 듯한 무늬를 돌렸다. 등 가운데 육각 무늬 안에 왕릉비가 아닌데도 '王' 자가 새겨져 있어 의아하다.

능비가 세워진 왕릉으로는 태종무열왕릉·문무왕릉*·성덕왕릉·흥덕왕릉이 있고, 묘비는 지금까지 발견된 것으로는 이곳 김인문 묘가 유일하다. 이들 능묘비의 비좌는 모두 귀부의 머리가 거북 머리이나, 선사(禪師)들의 탑비 귀부 머리는 모두 용의 형상을 하고 있어 차이가 있다.

국립경주박물관에 전시되고 있는 김인문 묘의 비편은 서악서원 누문(樓門)인 영귀루를 수리하면서 인부들에 의해 서쪽 모서리 부근의 땅속에서 출토되어 서원 한편에 보관하고 있었다. 1931년 서악 방면의 유적을 답사하던 당시 조선고적연구회 경주 주재 연구원인 아리미쓰 교이치(有光敎一)와 그의 조수 이성우(李盛雨)가 이를 발견하여 신라 금석문임을 알고 경주박물관으로 옮긴 후 이를 판독하여 세상에 알려지게 되었다. 이 비편은 화강암으로 높이 63.0㎝, 너비 94.5㎝, 두께 18.4㎝이나, 원래의 비석은 높이 약 182㎝, 너비 약 121㎝ 정도였을 것으로 추정된다. 비문은 26행이고, 글자 크기는 약 2.3㎝이다.

이 비석이 세워졌던 귀부의 비좌는 비신의 크기에 비해 조금 작은데, 이로 인해 이 비석이 귀부와 짝이 되지 않는다는 주장도 있었으나 이것은 비신 하단부에 촉이 끼워졌기 때문이다.

이 비석이 발견되기 전까지 김인문 묘 귀부를 김유신묘 혹은 김양 묘의 것으로 잘못 알고 있었다. 『삼국사기』에 김유신묘에 묘비가 있다는 기록과 이 묘가 지역에서는 각간묘로 알려져 있었기 때문이다. 또 김양 묘라고 한 것은 『삼국사기』 「열전」에 김양을 무열왕릉에 배장하였다는

---

* 능비는 대개 능의 앞에 있는데 문무왕의 능비의 귀부는 사천왕사지 남편에 있는 2기의 귀부 중 서쪽의 것으로 추정된다. 발견된 비편은 국립경주박물관에 있다.

기록 때문이다.

현재 1/3 정도 남은 비편에는 약 400자의 비문이 있는데, 해서로 쓴 글자를 3.3㎝ 크기의 방형 정간(井間) 속에 음각으로 새겼다.

비문의 내용 중 '조문흥대왕(祖文興大王)', '태종대왕탄미기공(太宗大王歎美其功)', '공위부대총관(公爲副大摠管)' 등이 『삼국사기』 「열전」 '김인문' 조에 기록된 그의 사적에 해당되고, 그 밖의 비문 내용도 『삼국사기』의 기록과 같은 점이 많아 이 귀부를 김인문 묘의 것으로 보고 있다.

비의 건립연대는 현존 비문에는 나타나 있지 않지만, 『삼국사기』 「열전」의 기록으로 보아 7세기 말쯤으로 추정된다.

속담에 "권력은 부자간에도 나눌 수 없다."고 한다.

고금(古今)이나 동서(東西)를 막론하고 부형(父兄)은 물론 친족을 살해한 후 왕권을 차지한 사례는 부지기수이다.

부처님 재세 시 인도 마가다국의 아자타삿투(아사세)는 부왕인 빔비사라로부터 왕위를 빼앗고 아버지를 옥에 가두어 죽게 했다. 그리스 신화에서는 오이디푸스가 선대(先代) 왕인 아버지 라이오스를 죽이고 테베의 왕위를 차지하였다. 인도의 타지마할을 건축한 샤 자한은 막내아들인 아우랑제브의 반란으로 왕위를 박탈당하고 아그라 요새에 갇혀 말년을 보냈다.

조카인 애장왕을 시해하고 왕위에 오른 헌덕왕을 비롯하여 신라 하대에는 친족인 왕을 시해하고 스스로 왕권을 차지한 사례가 허다하다.

조선에서도 형인 정종에게 양위를 강요하여 왕위에 오른 태종 이방원은 상왕인 태조 이성계와 세력다툼을 벌리고, 수양대군은 조카인 단종을 죽이고 왕위를 차지하였다.

　하지만 김인문은 왕이 될 기회가 주어졌음에도 이를 굳이 사양하고 지금 서악에 누워있다. 쌀쌀한 날씨에도 김인문 묘를 덮고 있는 잔디가 파랗다.

킹 메이커(king maker) 김양, 서악에 잠들다

필자는 매일 새벽 산책을 하고 있다.
산책하는 코스 여기저기에
수수꽃다리가 반긴다.
이 나무를 털개회나무라고도 하는데,
북한산에서 자생하던 이 나무의 종자를
1947년 미국의 식물 채집가가 종자를 채취해서
미국으로 가져가 원예종으로 개량하여
미스킴라일락이라는 이름을 붙였다.
미스 킴은 그가 한국에서 근무할 당시 사무실
여직원이었다.

역대 신라 56왕 가운데
박씨는 10명,
석씨는 8명인데
김씨는 38명으로
김씨가 압도적으로 많다.

아마 경주와 이 부근에 남아 있는 고분의 피장자도
압도적으로 김씨가 많을 것이다.
그런데 서악에 가면 김양의 묘가 있다.
산책길에서 만나는 미스킴 라일락을 생각하니
빙긋이 웃음이 흘러나온다.

서악에 태종무열왕릉과 김인문의 묘역에 묻힌 사람은
김양(金壤)이 아닌 김양(金陽)이다.

중국의 사상가 후스(胡適·1891~1962)는
『차부둬(差不多) 선생전』이라는 소설로
중국인의 '그게 그거' 정신을 깨우치려 했다.
十(십)과 千(천)을, 大(대)와 天(천)을 뒤섞어 쓰며
"별 차이 없는 것 아니냐?"고 우기던 차부둬 선생,
병에 걸렸는데 하인이 부탁했던
의사 汪(왕)씨 대신에 수의사 王(왕)씨를 데려오는
바람에 목숨을 잃었다.

무덤 속의 김양(金陽)을 김양(金壤)이라고
잘못 이야기한다면
2대에 걸쳐 킹 메이커(king maker)의 역할을 한
김양의 불호령이 떨어질 것 같다.

"나를 일개 아녀자로 알다니!"

❋ 23일은 서리가 내린다는 절기 상강(霜降)이다. 아침저녁으로 제법 쌀쌀하고 높은 산에는 벌써 단풍이 절정을 이루고 있다.

"가을에는 부지깽이도 덤빈다."

"가을 들판에는 대부인(大夫人) 마님이 나막신짝 들고 나선다."

지금은 기계화로 농촌도 크게 달라졌지만, 이런 속담이 전해질 만큼 가을걷이할 이맘때가 되면 부지깽이도 덤벼야 하고, 존귀하신 마님까지 나서야 할 만큼 바빴다. 필자는 퇴임 후 160평 남짓한 텃밭을 가꾸고 있는데 마늘을 심고 나니 할 일이 별로 없다.

문득 이율곡 선생의 한시 한 구절이 생각난다.

平生畏長夏(평생외장하) 평생 긴 여름이 두려워
一念願淸秋(일념원청추) 일념으로 청명한 가을을 기다렸는데
如何遇秋至(여하우추지) 막상 가을이 되니
不喜却成愁(불희각성수) 기쁨보다는 수심이 생긴다.

'남비추여희춘(男悲秋女喜春)'이라는 말이 있다. 남자는 가을을 슬퍼하고 여자는 봄을 기뻐한다는 것이니 남성은 가을, 여성은 봄에 감수성이 예민해진다는 의미이다. 공연히 울적한 기분이 든다. 율곡의 시를 읊조려보지만 마음이 가라앉지 않는다. 기분 전환을 하고자 집을 나와 서악으로 김양 묘를 찾아 발길을 옮겨 본다.

『삼국사기』「열전」에는 69명의 인물이 수록되어 있는데 김양도 그 중의 한 사람이다. 태종무열왕의 9세손으로 증조부가 이찬 김주원(金周

元)이다. 선덕왕이 죽자 김주원이 왕위에 오르기로 되었으나, 북천 물이 불어 이를 건너지 못해 대신 김경신이 왕위에 올랐으니 그가 원성왕이다. 이후 주원은 명주(현 강릉)로 물러나 살았다. 다행히 이후 그 집안은 건재해 대대로 요직을 차지하였다. 조부인 김종기는 소판, 아버지인 김정여는 파진찬 벼슬을 하였다.

제42대 흥덕왕이 후사 없이 돌아가시자 왕의 사촌 아우 균정과 그의 형 헌정의 아들 제륭이 왕위를 다툴 때 김양은 균정의 편을 들어 제륭과 싸우다가 제륭의 부하인 배훤백의 화살을 맞고 도망하였다. 균정은 죽고 제륭이 즉위하여 제43대 희강왕이 되었다. 희강왕 3년 상대등 김명 등이 군사를 일으켜 희강왕을 핍박하여 스스로 죽게 하였다. 이후 김명이 즉위하니 제44대 민애왕이다.

이 소식을 들은 균정의 아들인 우징이 청해진에 가서 장보고와 결탁하여 원수를 갚으려 하자 김양은 병사를 이끌고 합세하여 왕실을 공격해 마침내 왕을 살해하였다. 김양이 우징을 맞아 즉위케 하니 곧 제45대 신무왕이다. 막강한 권력을 쥔 김양이 자기에게 화살을 쏜 배훤백을 불렀다.

"개는 의례 자기 주인이 아니면 짖는 법이다. 너는 네 주인을 위해 나를 쏘았으니 의사(義士)라 아니할 수 없다. 나는 관계하지 않을 것이니 너는 안심하고 두려워하지 말라."

김양의 대범함에 모두가 감탄하였을 것이다.

왕위에 오른 지 채 일 년을 넘기지 못하고 신무왕이 죽자 태자가 즉위하니 제46대 문성왕이다. 두 왕 모두 김양으로 인해 왕위에 오를 수 있었던 것이다.

2대에 걸쳐 킹 메이커(king maker)의 역할을 한 김양이 향년 50세에 죽자, 왕은 애통해하며 최고의 관등인 서발한으로 추증하고 장례를 김유신의 구례에 따랐으며, 태종무열왕의 능에 배장하였다.

조선 초기의 관찬서서인 『동국통감』에는 김양을 김유신에 버금가는 인물로 다음과 같이 묘사하고 있다.

"신라의 인물을 논하자면 영웅호걸은 김유신만 한 이가 없고, 명백정대(明白正大)하기로는 김양만 한 이가 없다…. 그의 사심 없는 순수한 충정과 큰 절개는 흔하지 않은 일이다."

서악에 있는 김양 묘는 태종무열왕의 능에 배장하였다는 『삼국사기』 「열전」의 기록에 부합한다.

김양 묘라고 전해오는 무덤은 경주시 서악동 태종무열왕릉 앞쪽 약 15m 지점에 있는 둘레 약 60m 되는 원형봉토분이다. 특별한 장식은 없으며 1982년 8월 4일에 경상북도 기념물로 지정되었다. 7세기에 조성된 김인문 묘보다 2m 이상 축소되었으며 봉분 자락은 이전 시기와는 달리 호석과 받침석이 없다.

  묘의 위치가 태종무열왕의 능에 배장하였다는 『삼국사기』 「열전」의 기록과 일치하기는 하지만, 그가 김균정과 김균정의 아들인 신무왕 그리고 신무왕의 아들인 문성왕에 이르기까지 3대에 걸쳐 크게 공을 세웠기에 문성왕이 장례 절차를 김유신과 같이 하라고 했음에도 그의 묘는 아무런 장식이 없어 김유신 묘와는 다르다. 그래서 현재 김양의 묘에 대해서 의문을 제기하는 이들이 있다.

모전석탑 계열의 서악동 삼층석탑

서악동 삼층석탑은 그 형식이 무척 단순하다.
부처님의 사리를 모신 불탑을 이렇게 조성해도 되는가
성의 없이 조성한 탑이라는 느낌이 들 정도이다.

불교에서 '무학(無學)'이란
배움이 없고 무식하다는 것이 아니다.
많은 것을 배웠으면서도 배움에 걸리지 않고
구애받지 않은 경지를 말한다.

이 탑을 그 형식이 지나치게 단순하고
성의가 없어 보인다는 필자의 식견이
어쩌면 '무학(無學)'이라는 경지를 이해하지 못하는
무식(無識)에서 나온 생각은 아닐까?
무학과 무식은 글자 한 자의 차이가 아니라
하늘과 땅만큼이나 그 의미가 다르다.

불교에서 선(禪)이란

마음을 가다듬고 정신을 통일하여
깨달음의 경지에 도달하게 하는 정신 집중의 수행이다.
한자 '禪'이란 글자를 자세히 살펴보면
단순하게(單) 보는(示) 것이다.

다시 한번 이 탑을 올려다보노라니
탑이 빙긋이 웃고 있다.
심히 부끄럽다.

❋ 무열왕릉 동쪽의 소로를 따라 선도산 정상을 향하여 가다 보면 산기슭에 도봉서당이 있다. 서당 뒤쪽으로 주차할 수 있는 제법 넓은 공터가 있다. 이곳에서 북동쪽 산기슭에 홀로 외로이 서 있는 탑을 볼 수 있다. 보물 제65호로 지정된 통일신라시대에 조성된 서악동 삼층석탑이다.

서악동 삼층석탑(좌)은 남산동 동삼층석탑(우상)과 용장골 제7절터 삼층석탑(우하)과 같은 계열의 모전석탑이다.

탑 주위로는 온통 구절초 꽃이 뒤덮고 있는데 2011년 신라문화원에서 심었다. 지난 10월 14일(토)과 21일(토) 두 차례에 걸쳐 이곳에서 구절초 달빛 음악회가 열렸다. 꼭 참석하고 싶었으나 일이 있어 그러지 못해 아쉬웠다. 달빛 아래 하얗게 핀 구절초 꽃을 상상하다 보니 문득 이효석의 『메밀꽃 필 무렵』의 한 구절이 생각난다.

"산허리는 온통 메밀밭이어서 피기 시작한 꽃이 소금을 뿌린 듯이 흐븟한('흐뭇한'의 오기가 아님) 달빛에 숨이 막힐 지경이다."

푸근히 감싸주는 달빛, 하얀 구절초 꽃밭, 은은히 울려 퍼지는 음악…. 상상만으로도 숨이 막힐 것 같다.

영경사에 대해서 『동경통지』에 "선도산 남쪽 기슭에 있으니 삼중석탑(三重石塔)이 있고 인왕상의 조각이 있다."라는 기록을 근거로 얼마 전까지 이 탑을 영경사지 삼층석탑이라 하였다. 그러나 그 이전에 발간된 『동경잡기』에는 관련 기록이 없다.

태종무열왕릉의 위치를 『삼국사기』「신라본기」에서는 '영경사 북'으로, 『삼국유사』「기이」편에는 '애공사 북'이라고 하였다. 현재 서악동 삼층석탑은 이들 기록에 나오는 사찰과는 반대의 위치에 있어 영경사지 또는 애공사지 삼층석탑이 아님이 분명하다.

화강암으로 축조된 모전석탑 계열의 이 탑은 높이가 5.1m로 이형 기단 위에 3층의 탑신을 세웠으나 상륜부는 안타깝게도 모두 없어졌다.

지대석으로 큰 돌 4장을 바닥에 깔고 그 위에 놓인 기단은 다듬은 돌덩이 8개를 서로 어긋나게 2단으로 쌓았다. 기단 윗면에는 몸돌을 받치기 위해 한 장의 널돌을 두었다.

탑신부의 몸돌과 지붕돌은 각각 하나의 돌로 되어 있다. 1층 몸돌은 여섯 개의 면이 모두 반듯한 정육면체로 되어 있으며, 모서리 기둥은 없고, 남면 가운데에 큼직한 네모꼴 감실(龕室)을 얕게 파서 문을 표시하였다. 문의 중심부에는 4개의 못을 박은 자리가 있는데, 장식을 달았던 흔적으로 추정된다. 문의 좌우에는 금강역사상이 조각되어 있다. 감실은 부처님의 사리를 봉안하고 있음을 상징하니 불국토(佛國土)를 금강역사가 지키고 있는 것이다.

지붕돌은 하나의 돌에 받침과 층급을 모두 표시하였는데, 아랫면의 받침은 1층부터 3층까지 5·5·4단이고, 윗면의 층급은 1층부터 3층까지 7·6·7단으로 되어 있다.

우리가 흔히 볼 수 있는 형식의 탑과는 달리 이 탑의 경우 기단은 가공을 최소화하고 탑신은 문비 장식까지 하여 기단에 비해 화려한 편이다.

기단은 중생이 사는 번뇌로 가득한 현실 세계인 예토(穢土), 탑신은 부처님의 사리를 모시고 있으니, 번뇌를 벗어난 청정한 이상세계인 정토(淨土)로 생각하여 이 탑을 조성한 것은 아닐까?

돌을 벽돌과 같이 다듬어 쌓은 탑을 모전석탑이라고 하는데 대표적인 탑이 분황사탑이다. 서악동 삼층석탑과 같이 옥개석의 낙수면이 층을 이루는 이런 종류의 탑도 모전석탑으로 분류하고 있다. 이 석탑과 같은 유형으로는 경주 남산동사지 동삼층석탑과 남산 용장골 제7절터 삼층석탑 등이 있다.

김유신·설총·최치원을 배향하고 있는 서악서원

세계 4대 성인이라고 하면
공자(BC 479-552), 석가(BC486-569),
소크라테스(BC399-470), 예수(AD1-33)를 꼽고 있다.
그런데 예수를 제외하면
이들이 활동했던 시기가 비슷하다.
왜일까?

그러고 보니 물질문명은 해를 거듭할수록 발전하고 있으나
인간의 지혜는 세월이 흐르면서
크게 나아진 것이 별로 없다.
오히려 더 뒷걸음을 치고 있는지도 모르겠다.

요즈음 삶이 각박해지고 있는 것 같다.
서악서원을 찾아 옛 신라의 성인들을 뵙고
이분들의 예지를 본받아야 할 것 같다.

김유신은 무장(武將)으로
서원에 모시는 인물로 부적합하니
김유신의 위패를 서악서원에 모시는 것에 대해
문제를 제기하는 유학자가 있었다.
그러나 이는 군자에 대한 공자의 생각과 배치되는 것이다.

공자는 일찍이 군자(君子)의 세 유형으로
인자(仁者), 지자(知者), 용자(勇者)를 말했다.
적어도 이 중 하나에만 해당해도
군자라고 할 수 있다는 것이다.

인자는 불우(不憂),
지자는 불혹(不惑),
용자는 불구(不懼)라고 했다.

인자는 공적인 일에 진정 애정을 쏟기 때문에
사사로운 근심은 없다는 뜻이다.
지자는 그릇된 사람이나 일에
미혹하지 않는다는 뜻이다.
용자는 매사에 떳떳하고 당당하기 때문에
두려움이 없다는 뜻이다.

그러니 용자인 김유신을 이곳에 모시는 것이
전혀 어긋나지 않는다.

이곳 서악서원에 김유신 장군을 모시는 데 대해
문제를 제기하는 사람은 군자에 대해
제대로 이해를 하지 못하는 분이라고 해야 하지 않을까?

• 사액 서원으로 서원 철폐령에도 폐쇄되지 않았다

바둑의 경우의 수는 우주에 있는 모든 원자의 수보다 많다는데 이 바둑의 고수를 차례로 무너뜨린 알파고 리, 알파고 마스트, 또 다른 차원의 알파고 제로가 출현하였다. 의사보다 완치율이 높다는 인공지능 왓슨의 암 치료 사례, 그림을 그리고 작곡을 하는가 하면 인공지능이 쓴 소설이 문학상 공모전 예심을 통과했다는 이야기 등. 최근 인공지능(AI, Artificial Intelligence)의 폭풍이 걷잡을 수 없는 기세로 우릴 덮치고 있다.

인간이 하던 일의 대부분을 인공지능이 대신하면서 인간 고유의 능력으로 할 수 있는 일들의 중요성이 더 높아지고 있다. 이에 따라 교육도 인간만의 고유한 특성인 인성과 창의성, 소통 능력에 초점을 맞춰야 한다는 주장이 제기되고 있다.

인공지능의 파고로 앞날이 불안하다. 읽고 있던 4차 산업에 대한 책을 덮고 서악서원을 찾았다.

서원은 조선시대 사람들이 지방에 세운 사립학교이다. 본받을 만한 옛 유학자들을 사당에 모신 뒤 제사를 지내고 학생들을 모아 유학을 가르쳤다. 유학은 공자와 그 제자들의 가르침인 경전과 이 경전에 근거한 후세 학자들의 체계적인 학문을 이르는데, 사람으로서 마땅히 지켜야 할 도리가 그 핵심으로 올바른 인성을 함양하는 것을 목표로 하고 있다.

인공지능 시대에 적합한 교육의 모델을 서원 등의 옛 교육제도에서 찾을 수 있지 않을까?

경주에는 서악서원을 비롯하여 안강에 옥산·직천·구강·장산서원,

내남에 용산서원, 강동에 동강·운곡·단구서원, 현곡에 귀산서원, 양남에 나산서원 등이 있다. 이 중에서 서악서원은 옥산서원, 용산서원과 함께 경주의 3대 사액서원이며, 또 옥산서원과 함께 고종 때의 철폐령 이후 남은 47개소 서원 중 하나이다.

서악서원은 신라 때의 인물인 김유신과 설총 및 최치원을 배향하고 있어 고려나 조선시대의 유학자를 모시고 있는 대부분의 다른 서원과는 차이가 있다.

서악서원 이외에 예외적으로 신라 때의 학자인 최치원을 배향한 서원으로는 안동의 용강서원, 청도의 학남서원, 정읍의 무성서원, 군산의 문창서원 등이 있다. 경산의 도동서원에는 설총을 배향하고 있다.

이 자리에 처음부터 서악서원이 설립된 것은 아니었다. 1561년(명종 16) 이정(李楨)을 중심으로 한 지방 유림에서 김유신의 위패를 모시기 위해서 이곳에 사당을 세웠고, 1563년(명종 18) 신라 10현으로 받들던 선현들 중 설총과 최치원의 위패를 추가 배향하면서 서악정사(西岳精舍)로 창건하여 향사를 지내오다가, 임진왜란으로 소실되었다. 이후 1600년(선조 33)에 경주부윤 이시발이 건물 일부를 중수하고, 1602년(선조 35) 묘우(廟宇)를 새로 지었다. 1610년(광해군 2) 경주부윤 최기가 강당과 동재·서재를 중창하였다. 1623년(인조 원년)에 국가가 인정한 사액서원으로 '서악(西岳)'이라는 이름을 받았고, 1646년(인조 24)에는 부윤 이민환이 영귀루를 중건하였다.

당시 이곳 서악서원은 유학을 강론하고 경주의 학풍을 이어가는 중심이 되었으며, 흥선 대원군의 서원 철폐령 때에도 폐쇄되지 않았다. 그

후 고종 10년(1873년)과 고종 19년(1882년), 고종 29년(1892년), 고종 31년(1894년) 등 수차례에 걸쳐 중수하여 선현배향과 지방교육의 일익을 담당해 왔다.

서악서원은 강당인 시습당을 중심으로 좌우에 동재와 서재가 있다.

 서악서원은 태종무열왕릉 이웃에 자리하고 있다. 대경로를 벗어나 서악2길로 접어드니 유난히 꽃이 큰 구절초가 반긴다. 활짝 핀 꽃잎이 불그스레 물들었다. 익숙하지 않은 사람을 만나 부끄러운가 보다. 경주 농기계임대사업소를 돌아가면 서악서원 주차장이다.
 정문으로 들어서기 전에 담장 밖을 한 바퀴 돌아보니 담장 옆으로 형형색색의 화초가 청초한 웃음을 머금고, 텃밭에는 각종 채소를 재배하는 사람들의 손길이 분주하다. 이런 곳에서 텃밭이나 가꾸면서 살고 싶다. 너무 평온하고 아늑하여 그냥 이곳에 눌러앉아 살고 싶다는 생각이 든 것이다.

• 서악서원에는 옛 선인들의 숨결이 남아 있다

사액 당시 이름난 서예가인 원진해가 쓴 도동문(道東門)이라는 편액이 걸린 외삼문에 들어서자 2층 누각인 영귀루(詠歸樓)가 눈앞에 다가선다. 위층은 사방이 트여 있고, 계자 난간을 둘렀으며, 아래층 중앙은 통로로 사용되고 있다. 영귀루 아래 놓여 있는 플라스틱 의자가 눈에 거슬린다. 아마 서원 마당에서 행사가 있을 때 사용하고 있는 것인 듯하다.

서악서원의 누각인 영귀루

영귀루 바로 오른쪽으로 구암 선생의 비각이 있다.
선생의 성씨는 이(李), 이름은 정(楨), 호가 구암(龜巖)이다. 경주부윤으로 부임하여 이곳에 처음으로 서악정사를 건립한 분이다. 이 서악정사가 훗날 서악서원이 된다.

영귀루 아래를 지나면 3단으로 된 기단 위에 '서악서원'이라는 현판이 걸린 건물이 나타난다. 이 현판 글씨는 원진해가 쓴 것이다.

강당 안쪽 중앙에 '시습당(時習堂)'이라는 당호가 걸려있다. '시습(時習)'은 『논어』 「학이」 편 첫 구절 '학이시습지(學而時習之) 불역열호(不亦說乎)'에서 취한 것이다. 이곳은 교육 장소인 동시에 유림의 회합 장소로 사용하였다.

시습당은 앞면 5칸에 옆면 3칸으로, 왼편으로 진수재(進修齋), 오른편으로 성경재(誠敬齋)를 두었다. '진수'란 '덕과 학문을 닦는다'는 의미이고, '성경'은 '정성을 다해 공경한다'는 의미로 유학의 중요 덕목이다. 시습당 앞 양쪽에는 정료대가 놓여 있다. 야간에 사원의 조명을 위해 횃불을 올려놓던 대이다.

중정을 가운데 두고 동재는 절차헌(切磋軒), 서재는 조설헌(詔雪軒)으로 유생들의 숙식 장소로 사용하던 건물이다.

시습당 뒤와 내삼문 사이 마당은 현재 궁도장으로 사용되고 있다.

내삼문은 굳게 잠겨 있다. 그 안은 제향을 위한 사우(祠宇)로 앞면 3칸에 옆면 2칸의 겹처마 맞배집이다.

이 외에도 향사를 지낼 때 제수를 마련해 두는 전사청(典祀廳), 물품을 관리하는 고자실(庫子室) 등이 있다.

강당 뒤로 사당을 배치하여 서원의 전형적인 모습인 전학후묘(前學後廟)의 형식을 보인다.

현재 교육 기능은 없어지고 해마다 2월 중정(中丁: 두 번째 丁日)과 8월 중정에 향사를 지내고 있다.

조선시대의 야담집 『천예록(天倪錄)』에는 사액을 받을 당시 김유신과 관련된 다음과 같은 이야기를 전하고 있다.

김유신과 설총, 최치원 세 사람의 위패를 모두 모신 경주의 서악정사가 조정으로부터 사액을 받게 되었을 때, 어떤 서생이 설총은 중국의 유교 경전을 이두로 풀이하여 가르친 공적이 있고, 최치원은 문장으로 중국에까지 이름을 떨친 공적이 있지만, 김유신은 신라의 일개 무장으로서 유학자들에게 모범이 될 만한 일을 한 것이 없다며 김유신의 위패를 서원의 제사에서 뺀 다음에 조정의 사액을 받아야 한다고 주장하였다.

얼마 뒤, 이 서생이 서원에서 깜빡 잠이 들었는데 갑옷을 입은 무사들이 서생의 머리채를 잡고 서원 뜰에 꿇어앉히자, 사방에 무기와 갑옷을 갖춘 병사들이 늘어선 가운데 김유신이 나타나 서생을 향해 호령하였다.

"유학자들이 중히 여기는 덕목이 충(忠)과 효(孝)가 아니던가. 내가 살아서는 위태로운 나라를 위해 전장에 나아가 어려움을 구제하고, 삼국을 통일하는 공을 세웠으니 그것이 충이고, 공을 세우고 입신양명하여 내 집안과 부모의 이름을 빛나게 했으니 그것이 효인데, 네까짓 놈이 어찌 함부로 이야기하느냐?"

잠에서 깨어난 서생은 두려워하며 시름시름 앓다가 이틀 만에 피를 두 말이나 토하고 죽고 말았다.

현재 이곳 서악서원에는 음풍농원 선비체험, 신화랑 풍류체험, 고택 음악회 등 여러 가지 체험 프로그램을 운영하고 있다.

사람이 거주하지 않은 고택은 죽은 공간이 된다. 여러 체험 프로그램

운영을 통하여 이를 잘 활용하면 옛 선인들의 채취를 맛볼 수 있고, 건물의 유지에도 크게 도움이 될 것으로 생각한다.

  도동문을 나서면서 주위를 둘러보았다. 앞으로 저 멀리 갯들이 눈맛을 시원하게 하고 선도산이 서원 뒤쪽을 둘러싸고 있다. 입지가 예사롭지 않다.

  『순자(筍子)』「권학(勸學)」편에 이런 구절이 있다.

  '蓬生麻中 不扶而直(봉생마중 불부이직)'

  "다북쑥도 삼밭에서는 곧게 자란다."는 말이다. 이는 교육에서 환경의 중요성을 강조하는 것이다. 입지가 뛰어난 이곳 서악서원에서 공부하던 옛 유생들이 모두 올곧은 선비가 될 수밖에 없었을 것 같다.

불교를 공인한 법흥왕의 능을 찾아서

법흥왕은 병부령을 설치하고
관등제와 골품제, 율령을 반포하고
불교를 공인하였다.
대외적으로도 금관가야의 항복을 받고
삼국통일의 기반을 다지고
신라 중고기를 열었다.

그 화려한 치적을 이루면서
법흥왕은 평소 어떤 생각을 하고 있었을까?

다모클레스는 기원전 4세기
시칠리아섬 시라쿠사의 왕인 디오니시우스의 심복이다.
온갖 아첨으로 왕의 신임을 사고자 했던 다모클레스는
어느 날 왕으로부터 이런 제안을 받게 된다.
"자네가 늘 부러워하던 왕좌에 앉아 보겠나?"

이 솔깃한 제의를 받은 다모클레스는

왕의 각별한 배려에 눈물을 흘리며
하루 동안 왕좌에 앉아보기로 했다.
하지만 그의 감격은 곧바로 공포로 변했다.
왕의 자리에 앉아 천장을 올려다보니
머리 바로 위에 한 올의 말총으로 붙들어 맨
예리한 칼이 매달려 있었다.

이 다모클레스 일화는
로마의 명연설가 키케로가 사용하면서 더 유명해졌고
서양에서는 위태로운 상황을 뜻하는 대명사가 됐다.

법흥왕의 왕좌 위에도
시퍼렇게 날이 선 칼이
말총에 위태롭게 매달려 있었던 것은 아닐까?
그래서 법흥왕이 말년에 출가한 것일 수도 있겠다는 생각을 해 본다.

• 법흥왕릉이 맞을까?

　법흥왕의 성은 김씨(金氏)로서 이름은 원종(原宗)이다. 그런데 『삼국유사』 「왕력」에는 북송(北宋) 때의 백과사전과 비슷한 책인 『책부원귀』를 인용하여 법흥왕의 성을 '모(募)' 이름은 '진(秦)'*이라고 하였지만 '모'를 성으로 볼 수는 없을 것 같다. 울주 천전리 각석에 법흥왕을 지칭하고 있음이 분명한 '모즉지(牟卽智) 매금왕(寐錦王)'이라는 표현이 있는데 성씨가 분명하지 않다. 당나라 때 편찬된 역사서인 『북제서』에 '신라왕 김진흥을 사지절 동위교위 낙랑공 신라왕으로 삼았다.'라고 하여 진흥왕의 성씨가 김씨임을 분명히 밝히고 있다. 따라서 법흥왕 대를 지나 진흥왕 이후 성씨가 사용되었을 것으로 추정된다.

　법흥왕은 지증왕의 맏아들로 신라 23대 왕이며 재위기간은 27년간(514-540)이었다. 왕은 키가 7척이었으며 도량이 넓었다. 상대등을 설치해 귀족회의를 활성화하는 한편 영토를 크게 넓혔다. 또 병부령을 설치하고 관등제와 골품제, 율령을 반포하고 공복을 제정했다. 처음으로 건원(建元)이라는 독자적인 연호를 사용하여 자주국가로서의 위상을 확립하고 살생을 금하는 법을 만들었다.
　지증왕 때 임금의 칭호를 마립간에서 왕으로 바꾸었지만, 법흥왕 이후부터 정식으로 쓰이게 되었다.
　한편, 대외적인 면에서는 대가야와 혼인관계를 맺고 변방으로 진출하

---

*　『삼국사기』 「신라본기」 '법흥왕' 조에서는 '冊府元龜 姓募 名泰'라 하여 성을 '모(募)', 이름을 '태(泰)'라 하였다. 같은 문헌 책부원귀를 인용하였는데도 『삼국유사』와는 다르다.

는 백제 군사를 견제했다. 또 이때 금관가야의 구형왕이 신라에 항복을 하였다. 구형왕은 김유신 장군의 증조부이니 삼국통일의 대업을 이루게 되는 인물을 받아들인 셈이 된다.

법흥왕 때 이루어진 치적 중 가장 중요한 것은 불교의 공인이었다. 이차돈의 순교를 계기로 불교를 공인함으로써 통일을 위한 사상적 기반을 마련하였던 것이다.

『삼국유사』에서는 신라의 시대 구분을 상고기(박혁거세- 22대 지증왕), 중고기(23대 법흥왕- 28대 진덕왕), 하고기(29대 무열왕- 56대 경순왕)로 구분한다. 여기에서 중고기의 시작을 법흥왕 시기로 잡은 것은 율령 반포 등으로 중앙집권체제를 확립하고, 불교의 공인으로 삼국통일의 사상적 기반이 다져진 시기였기 때문이다.

재위 27년 만에 왕이 죽자 시호를 법흥(法興)이라 하고, 애공사(哀公寺) 북쪽에 장사 지냈다는 기록이 있어 지금의 이 자리를 법흥왕릉일 것으로 추정하고 있으나, 학계에서는 대체로 이를 인정하지 않고 있다.

'순환논리의 오류'라는 것이 있다. 논증의 결론 자체를 전제의 일부로 사용하는 오류를 말한다.
"그놈은 나쁜 놈이니 사형을 당해야 해. 그리고 사형을 당하는 걸 보면 나쁜 놈이야."
바로 이게 순환논리의 전형적인 예다. 결론이 되어야 할 그것이 전제되기 때문에 결론이 되풀이하여 전제가 되어 순환하게 된다. 이 오류를 가리켜 '선결문제 요구의 오류(fallacy of begging the question)' 또는 '부당 가정의 오류(fallacy of undue assumption)'라고도 한다.

법흥왕릉은 능선의 경사면을 그대로 이용하여 봉분을 조성하였다.
능 동편의 석물은 후대에 보완한 것이다.

『삼국사기』에는 법흥왕을 애공사 북봉에 장사 지낸 것으로 되어 있고 『삼국유사』는 왕의 능이 애공사 북쪽에 있다고 하였다. 현 법흥왕릉의 남쪽에 효현동 삼층석탑을 애공사지로 보고 그 북쪽에 있는 이 고분을 법흥왕릉이라고 한 것이다. 그리고 법흥왕릉의 남쪽에 효현동 삼층석탑이 있으니 이를 애공사지 삼층석탑으로 추정한다. 전형적인 '순환논리의 오류'를 범하고 있는 셈이다.

『삼국사기』에는 진흥왕도 애공사 북봉에 장사 지낸 것으로 되어 있고, 『삼국유사』에서는 진지왕의 능이 애공사 북쪽에 있는 것으로 기록되어 있다. 그런데 부근에는 이 능 외에 왕릉으로 추정할 만한 무덤이 없다. 따라서 법흥왕릉은 이곳이 아니고, 다른 곳에서 찾아야 하지 않을까?

이근직과 강인구 등은 무열왕릉의 위쪽 4기의 고분 가운데 한 기를 법흥왕릉으로 보고 있다.

• 소박하지만 기품이 있는 법흥왕릉

갑자기 기온이 뚝 떨어져 몸을 잔뜩 옴츠리게 한다. 단단히 채비를 하고 법흥왕릉을 찾아 길을 나섰다. 충효동 쪽으로 방향을 잡아 경주대학교에 이르기 전 좌측 길로 접어들면 법흥왕릉에 이르게 된다. 이 왕릉은 고속도로가 건너다보이는 선도산 서남쪽 끝자락 조용한 농로 안쪽 후미진 솔숲에 깊숙이 자리하고 있다.

건너편 마을에서 보면 법흥왕릉이 있는 이곳 산의 형태가 용이 누워서 구슬을 굴리는 형태라고 전해지고 있다. 이 지역에서는 이 산을 와산(蛙山) 또는 누불미, 너불미, 와미(臥尾)라고도 한다.

외진 곳일뿐더러 꺾어 들어오는 길 입구에 있던 표지판 외에는 왕릉에 이르는 길 안내가 되어 있지 않다. 진입로가 좁아 차 한 대가 겨우 지나갈 수 있고 주차장도 협소하다. 필자와 같은 서민이 임금을 알현하기가 쉽지 않은 것이 어쩌면 당연한지도 모르겠다.

주차를 하고 추수가 끝나 텅 빈 논둑길을 따라 골짜기 안으로 들어가는데, 합판에 볼펜으로 꾹꾹 눌러쓴 경고문이 시야에 들어온다.

"쓰레기나 휴지를 논에 버리지 말고 길에 버리세요. 논 주인이 다 치워드립니다. 그런데 안 된다고 생각되시는 분은 버리지 마세요."

그러고 보니 지금까지 올라오는 동안 농로 주변이 참 깨끗했다. 그런데 '옥의 티', 배수구 안에 빈 생수병이 하나 버려져 있다.

논 주인이 자기 논 주위에 버려진 쓰레기로 농사에 지장이 있다고 해서 이런 경고문을 적어둔 것만 아니리라. 쓰레기를 버리는 일이 지구의 상처가 되고 그것이 부메랑이 되어 나 자신의 상처가 됨을 모두가 알았으면 하는 것이 논 주인의 생각일 것으로 믿고 싶다.

능으로 다가가는 길이 오르막이지만 그리 힘이 들지는 않는다. 그런데 주위가 너무 고요하다. 인기척은 물론 새소리, 바람소리도 들리지 않는다.

법흥왕은 말년에 신라 최초의 사찰인 흥륜사를 짓고 출가하여 법호를 법운(法雲), 자를 법공(法空)이라 했다. 왕비도 출가하여 법명을 법류(法流)라 하고 영흥사에 거주한 것으로 『삼국유사』 「왕력」 편에 기록되어 있다. 여기에서 '법(法)'은 '불법(佛法)'을 의미한다.

불교 기본교리인 삼법인(三法印)이란 것이 있다. 세 가지 변할 수 없는 부처의 가르침이라는 뜻으로 제행무상(諸行無常), 제법무아(諸法無我), 열반적정(涅槃寂靜)이 그것이다. 삼법인의 의미는 아래와 같다.

제행무상이란, 본래 존재란 영원히 지속되는 것은 없다. 즉, 만들어진 모든 것은 그대로 있지 않고 생성과 소멸 등의 변화를 계속한다.

제법무아란, 모든 것에는 절대적인 나[我]가 없다. 즉 스스로 존재하지 못하고 서로의 상관관계에 의존해서 존재한다. 따라서 자유롭지 않고 고통스럽다.

열반적정이란, 무상과 무아를 깨닫고 온갖 고뇌와 집착에서 벗어나 행복하고 평화로운 경지에 도달한다.

이곳에 묻힌 법흥왕은 제행무상과 제법무아의 경지를 넘어 열반적정의 경지에 있다.

신라의 고분은 6세기를 중심으로 그 이전까지는 평지에 조성하는 돌무지덧널무덤[적석목곽분(積石木槨墳)] 형식이었다. 그러나 법흥왕 대 이후부터는 평지를 벗어나 산기슭으로 옮겨지고 내부형식도 굴식돌방무덤[횡혈식석실분(橫穴式石室墳)]으로 바뀐 것으로 학계에서는 보고 있다. 그리고 왕릉의 소재지나 장례지가 주변에 있던 사찰을 중심으로 방위·산 이름·지역명 등으로 기록하였다. 이는 이때 공인된 불교의 영향으로 보인다.

노출된 할석은 봉분 주위 호석의 일부로 판단되고,
능 뒤쪽으로는 두둑을 쌓고 그 바깥으로 배수구를 파 두었다.

법흥왕릉은 능선 사면을 그대로 이용하여 봉분을 조영하였으며 봉분 형태는 남북이 긴 장축의 타원형이다. 봉분 크기는 장축이 13m, 높이가 3m 정도 되며, 능 주위를 노송들이 둘러싸고 있다. 봉분 아래에 직경 30cm 내외의 할석이 노출된 것으로 볼 때 호석을 돌린 듯하다. 왕릉 앞의 석물들은 후대에 만든 것이다. 그 앞으로 표석과 안내판이 나란히 세워져 있다. 능 뒷부분은 두둑으로 둘러싸고 있다. 조선시대 왕릉 뒤쪽의 담장인 곡장(曲墻)과 유사하다. 그 바깥쪽으로는 배수구를 파 놓았다. 경사가 다소 심한 지역이라 홍수 등으로 토사가 밀려 내려오는 것을 막으려고 이와 같은 시설을 한 듯하다. 이와 같은 형태로 능묘를 조성한 사례는 신라왕릉의 경우 법흥왕릉이 유일하다.

효현동석탑은 9세기를 대표하는 신라 석탑이다

한의학에서 '명현(瞑眩) 현상'이라는 것이 있다.
'어지럽고 눈앞이 캄캄함'이란 뜻으로,
약을 먹은 뒤 일시적으로 나타나는
여러 가지 부작용 같은 반응을 말한다.
부작용과의 차이는
명현 현상이 나타난 뒤에는
증상이 급격히 좋아진다는 데 있다.
그래서 '호전 반응'이라고도 한다.
서양 대체의학에서는 비슷한 뜻으로
'치유 반응'이나 '치유의 위기'라는 용어를 쓴다.

명현이란 말은 의서(醫書)가 아닌
사서삼경의 하나인
서경의 '약불명현 궐질불추(藥弗瞑眩 厥疾弗瘳)'라는
구절에서 유래한다고 한다.
'약이 아찔할 정도로 독하지 않으면

병이 낫지 않는다'는 뜻이다.

필자가 문화유산에 대해 본격적으로 공부를 한 것이
퇴임을 2년 정도 앞둔 2006년부터이니
17년쯤 된다.
그런데 아직도 문화유산에 대해 글을 쓰려면
앞이 캄캄해진다.

글을 쓰고자 할 때 앞이 캄캄해지는 것을
명현현상일 것이라고 억지를 부려본다.

❁ 신문 펼치기가 거북하고 TV 보기가 민망하다. 나라가 온통 쑥대밭이다. 그러나 나에게는 나의 삶이 있는 것이다.
'카르페 디엠(Carpe diem)!'
옛 로마의 시인 호라티우스가 남긴 명언으로, 영화 '죽은 시인의 사회'에서 키팅 선생이 학생들에게 자주 이 말을 쓰면서 유명해졌다. 라틴어로 '현재에 충실해라'라는 의미이다.
오직 현재만이 나의 삶이다. 내일 무엇이 되느냐보다 오늘 어떻게 살고 있는가가 더 중요하다. 세상이 아무리 어지러워도 나만이라도 정신을 차려야 할 것 같다.
날씨가 꽤 쌀쌀하지만 집을 나서야 했다. 행선지는 효현동 삼층석탑이다.

무열왕릉을 지나 소티고개를 넘으면 바로 효현교이다. 이 다리를 건너기 직전에 오른쪽 산 밑 시멘트 포장도로를 따라 1km쯤 가면 삼거리가 나오는데, 바로 가면 법흥왕릉으로 가는 길이고, 오른쪽으로 가면 외와마을로 가는 길이다. 마을 이름 '외와(外瓦)'는 기와를 굽는 가마의 바깥쪽에 있다고 해서 얻은 이름이라고 하는데, '외외마을'이라고도 한다. 이정표에는 모두 '외외마을'로 표기되어 있다. 좁은 길을 따라 400m 가량 올라가서 작은 다리를 건너 바로 좌측으로 민가 앞을 지나면 서편 소나무 사이에 탑이 보인다.

충효동에서 경주대학교 쪽으로 가다가 경주대학 바로 못 미쳐 언덕에서 좌회전하여 외외마을로 들어갈 수도 있다.

경주효현동삼층석탑은 현재 보물로 지정되어 있다. 이 탑 뒤(북쪽)로는 넓은 밭으로 사찰이 들어설 수 있는 공간은 충분하지만, 절터로 여겨지는 석재 등의 흔적은 드물고 탑만 홀로 우뚝하다. 이곳이 애공사지로 전해지고 있는데, 이는 영경사지와 마찬가지로 조선 영조 6년(1730) 경주 김씨 가문에 의해서 애공사지로 이름 붙여진 곳이다.

효현동삼층석탑은 9세기를 대표하는 신라석탑이다

이 탑은 이중 기단에 삼층의 탑신을 갖추고 있는데, 기단부와 탑신부는 비교적 온전하지만, 노반을 포함하여 상륜부는 모두 없어졌다. 탑은 전체적으로 비례도 적절하며, 균형이 잘 잡힌 아담한 석탑으로, 기본적으로 통일신라시대의 전형적인 석탑 형식을 따르고 있으나, 옥개받침 층급이 4단으로 줄고, 상·하층기단의 탱주(撐柱, 받침기둥)가 1주로 줄어들며 규모가 작아지는 등 후기 신라 석탑양식이다.

지대석과 면석은 모두 '一'자 형으로 각 면에 1매씩 모두 4매로 구성되어 있다. 탑신은 3층으로, 각 층 모두 탑신석과 옥개석이 각각 1매씩 모두 6매로 구성되어 있다. 각층 탑신은 네 모서리에 우주(隅柱, 모서리기둥)만 새기고, 흘림기법과 문비(門扉)* 등 장식은 없다. 2층과 3층 탑신은 1층 탑신에 비해서 현저하게 줄어들어서 급격한 체감을 나타낸다. 옥개석은 각층 모두 층급받침이 4단이며, 상면에 각형의 2단 탑신받침이 있고, 낙수면 경사는 완만하게 이루다가 끝에 살짝 반전하고, 귀마루의 합각선이 뚜렷하다. 물끊기홈은 없으며 네 모서리에 풍령(風鈴) 등 장식을 달았던 작은 구멍도 없다. 직접 확인할 수는 없으나 3층 옥개석 위 중앙에는 원형의 찰주공이 뚫려 있다고 한다.

신라 초기 석탑과 비교해 볼 때 부재의 수가 적으며, 상·하 기단 면석에 탱주가 1주로 줄어들고 전체적으로 규모가 작아지는 등 시대적 차이를 확연히 알 수 있다.

9세기 신라 왕경을 벗어난 인근지역에 비교적 작은 규모의 탑들이 등

---

* 석탑의 1층 몸돌에 상징적으로 여닫게 되어 있는 문짝을 표현한 것으로, 안에 사리장치를 봉안하고 있다는 표시이다.

장하는데, 이 탑은 경주 남사리 삼층석탑(보물)과 함께 이 시기를 대표하는 석탑이다. 신라 석탑의 구조적 특징에서 본다면 석탑의 크기가 축소되면서 전국적으로 유행하는 상하층 탱주 1:1의 석탑의 시작을 알리는 대표작으로 평가된다.

이 탑은 1973년 10월 25일부터 12월 28일까지 해체 복원된 적이 있는데 사리장엄구는 발견되지 않았다. 2004년에 하층기단 갑석 동남면 결실된 부분을 새로운 석재로 보완하여 보수정비를 하였다.

제3부

경주 소금강산이 진짜 금강산이다

백률사가 있는 경주의 진짜 금강산은
이곳에서 이차돈이 순교함으로
신라 불교의 시원(始原)이 된 곳이다.
그래서 비록 경주 근교의 나지막한 산이지만
금강산이라 한 것이다.

한국의 대표 불교 종단인 조계종을 비롯한 많은
선종 계통 종단의 소의경전(所依經典)이 금강경이다.
이 경전은 석가모니에 의해 설해진
대승불교의 대표 경전으로
보살과 비구들의 모임에서 석가모니가 제자와
대화를 주고받는 형식으로 이루어져 있다.

소의경전이 금강경이라면
산 중의 산으로
불교에서 가장 존귀하게 여겨지는 산이 금강산이다.

북쪽 금강산을 금강산이라 하고
이곳 경주에 있는 산을 소금강산이라니…이차돈 성사가 극락에서
통곡하시지나 않을는지.

금강경에 이런 구절이 있다.
離一切諸相卽名諸佛(이일체제상즉명제불)
모든 생각의 자취에서 벗어난 사람을 부처라고 한다.

부처님이 조용히 타이르신다.
금강산이 진짜니 어쩌니
모든 생각의 자취에서 벗어나라고.

❋ 다이아몬드는 그리스어로 '부스러지지 않는다'
는 의미로 '아다마스(adamas)'라고 한다. 이것이 중국에 전래하면서 금강석이라고 불리게 되었다. 모든 물질 중에서 가장 단단하고 변하지 않는 것으로, 로마에서는 처음 연마제로 사용한 것으로 알려지고 있으나, 이후 인도에 수입되고부터 장식, 호부의 뜻이 가해져 애용되었다. 이후 불사리(佛舍利)에 이용되거나 불상의 눈과 백호에 상감(象嵌)하는 등의 용도로 쓰이기도 하였다.

이 금강석이 불교에 유입되면서 경전의 명칭, 불법을 수호하는 신장, 무기 등에 등장하게 된다. 이와 관련이 있는 경전으로는 불도를 닦아서 번뇌를 제거함으로써 사람들이 본디 가지고 있는 깨끗한 마음, 즉 부처가 될 바탕을 깨닫게 해야 한다는 것을 설법하는 금강삼매경(金剛三昧經)이 있고, 또 우리나라 조계종의 근본 경전인 금강반야바라밀경(金剛

般若波羅密經) 등이 있다. 불법을 수호하는 신장으로는 코끼리 100만 마리의 힘에 버금간다는 금강역사(金剛力士)가 있다. 그리고 금강역사의 무기인 금강저(金剛杵)는 일체의 번뇌를 깨뜨릴 수 있는 강력한 힘을 상징한다.

지금부터 12년 전 문화관광부에서 후원하고 한국 보이스카우트연맹에서 주관하는 '통일을 향한 첫걸음'이라고 하는 행사의 일환으로 금강산을 답사한 적이 있다. 옥류담, 상팔담, 구룡폭포, 만물상 등의 절경이 아직도 눈에 선하다. 중국 북송의 소동파가 '고려에 태어나 금강산을 한 번 보기가 소원이다(願生高麗國一見金剛山)'라고 했다는 옛말이 그냥 한 말이 아니라는 것을 느낄 수 있었다. 하지만 통행로 이외에는 엄격하게 출입이 통제되고 온통 구호로 어지럽혀져 있어 무척 안타까웠다.

그런데 우리 경주에 있는 소금강산이 진짜 금강산이다. 높이 177m에 이르는 자그마한 산으로 경주의 북동쪽 용강동, 동천동과 천북면의 경계에 있는데 현재 소금강산으로 잘못 알려져 있다. 『삼국유사』에는 아래와 같이 소금강산이 아닌 금강산으로 기록되어 있다.

"신라 6촌 중의 하나인 금산가리촌에서의 금산은 지금의 금강산으로 백률사 북쪽에 있는 산이다."

"6촌 중의 하나인 명활산고야촌장인 호진이 처음 금강산으로 내려왔다."

금강산은 『삼국유사』 이외에도 여러 문헌에서 그 기록이 전해지고 있다. 조선시대 간행된 『신증동국여지승람』에도 소금강산 아니라 금강산으로 기록되어 있다. 이 외에도 조선시대의 지리지와 지도에는 모두 금강산으로 표기되어 있고, 소금강산이라는 기록은 찾을 수가 없다. 멸망하는 신라에 대해 울분을 삼키며 마의태자가 찾은 곳도 『삼국사기』 기록에 의하면 금강산이 아닌 개골산이었다.

금강산 정상 부근. 등산객들의 발걸음이 지나치게 잦아 산이 크게 훼손되고 있어 안타깝다.

세월이 흘러 강원도의 금강산이 절경으로 널리 알려지면서 이곳 경주의 진짜 금강산이 소금강산이 되어버린 것이다.

통일신라 이전에 동악 토함산, 서악 선도산, 남악 금오산, 북악 금강산, 중악 낭산을 왕경오악이라 하여 신성시하였는데, 특히 금강산은 나라의 큰 일이 있을 때 이곳에서 화백회의를 하고 조선시대에는 이 산에서 기우제를 지내기도 했다는 기록이 있다.

이 산의 남쪽 기슭에는 탈해왕릉과 표암, 마애지장보살상 등이 있고, 서쪽 기슭에는 굴불사터 사면석불, 산허리에는 신라 불교의 시원이 되는 전설을 간직한 백률사, 산 정상 동쪽 바로 아래로는 마애삼존불상이 있고, 그 아래로는 확인이 되지 않은 절터가 있다. 또 이 산으로부터 얼마간의 거리를 두고 헌덕왕릉, 용강동 고분, 동천동 사방불 탑신석 등의 국가유산이 산재하고 있다.

신라의 불교는 백률사에서 비롯되었다

최고의 거문고 재료는 '석상오동(石上梧桐)'이다.
돌 틈에서 자라다 죽은 오동나무다.
힘겨운 세월을 겪으면서
나뭇결이 촘촘하고 단단해져
맑은 소리를 낸다.
장인은 석상오동을 5년간
풍상(風霜)에서 말린 뒤 거문고 재료로 쓴다.

고구려는 372년, 백제는 384년에 불교를 공인하였으나
신라는 이들보다 150년 정도 늦은 527년 법흥왕 때
이차돈의 순교로 불교를 받아들였다.
신라 불교는 '석상오동(石上梧桐)'으로 만든 거문고였다.

당나라 황벽선사(黃蘗禪師)의 선시(禪詩)에 이런 구절이 있다.

不是一番寒徹骨(불시일번한철골)
　　뼛속을 사무치는 추위가 없었다면
爭得梅花撲鼻香(쟁득매화박비향)
　　코끝 찌르는 매화 향기를 어찌 얻었으리오

고구려나 백제와는 달리
신라에 불교가 들어오기까지는 혹독한 시련이 있었다.
그 시련이 바탕이 되어
신라는 불교의 꽃을 활짝 피울 수 있었다.
그 꽃의 씨앗이 이곳 백률사에서 움트기 시작했다.

황벽선사의 『전심법요(傳心法要)』에는 이런 구절도 있다.
學道人(학도인)
　　도를 공부하는 사람으로서
若欲得成佛(약욕득성불)
　　만약 부처가 되고자 한다면
一切佛法總不學(일체불법총불학)
　　일체 불법을 모두 다 공부하지 말라.
唯學無求無着(유학무구무착)
　　오직 본래로 구할 것 없고 집착할 것이 없음을 배우라.

불법을 공부하지 말라는 황벽선사의 말씀에 귀가 솔깃하지만
백률사에 대한 글을 쓰려면
집착하지 않을 수 없다.

앞으로 다섯 차례에 걸쳐 백률사와 관련된 이야기를 더듬어 볼 것이다.
그런데 '唯學無求無着'이라는 구절에 갈피를 잡지 못하겠다.

• 백률송순의 백률사가 자추사였을까?

'반대나 저항이 없으면 발전 가능성도 없다. 공기에 저항이 없으면 독수리가 비상할 수 없다. 물에 저항이 없으면 배가 뜰 수 없다. 중력이 없으면 걸을 수조차 없다. 프랑스 한 마을에서는 포도나무를 심을 때 일부러 좋은 땅에 심지 않는다…. 토질이 좋은 땅에 심으면 쉽게 자라 탐스러운 포도가 열리긴 하지만 뿌리를 깊이 내리지 않아 땅 거죽의 오염된 물을 흡수하기 때문에 포도의 품질이 떨어지기 때문이다. 그러나 포도나무를 척박한 땅에 심으면 빨리 자라지는 못해도 땅속 깊이 뿌리를 내려 좋은 물을 흡수하기 때문에 오염되지 않고 뛰어난 포도를 얻는다.'
차동엽 신부가 쓴 책 『무지개 원리』에 나오는 이야기이다.

불교가 공인되기 이전의 신라라는 나라는 척박한 땅에 자라는 이 포도와 같은 처지였다. 왕을 제외한 귀족과 모든 백성이 불교에 대해 완강히 저항했던 것이다. 이차돈의 순교로 불교를 받아들인 후에 신라는 크게 국력을 떨치고 결국 고구려와 백제를 아우르게 된다. 서라벌의 척박한 땅에서 명품 통일신라가 탄생한 것이다.

사면석불을 지나 돌계단을 10여 분 오른다. 연신 흐르는 땀을 닦으면서 절 마당에 들어섰다.
백률사를 품고 있는 이곳 금강산은 불교의 성지이다. 그런데 절의 규모 등에서 이에 걸맞은 대접을 받지 못하고 있어 안타깝다.

절 마당이 좁아 대웅전 앞에는 최근 조성된 석등을 제외하고는 아무것도 없다.

이차돈의 순교 당시 그의 목을 베자 흰 젖이 한 길이나 솟아오르고 목이 날아가 이곳 금강산에 떨어져 그 유체(遺體)를 받들어 이곳에 장사를 지냈다고 한다. 그리고 그의 머리가 떨어진 곳에 자추사(刺楸寺)라는 절을 세웠다고 『삼국유사』에 기록되어 있다. 그런데 이곳 금강산에는 자추사라는 절이 없다. 이곳 금강산에는 현재 백률사가 있을 뿐이다. 그래서 백률사(栢栗寺)를 자추사로 보고 있다. 당시 신라에서는 음이나 뜻이 같으면 쉽게 이를 바꾸는 사례가 많았는데, 곧 자(刺)는 '잣'이니 백(栢)과 같고, 추(楸)는 '밤'이니 율(栗)과 같은 의미라고 하여 자추사가 백률사로 명칭이 바뀌었을 것으로 추정하기도 한다. 그러나 이에 대해 억지라고 비판을 하는 사람도 있다.

예로부터 경주에는 괴이한 풍광으로 팔괴(八怪)라는 것이 있었다. 이 중 하나가 백률송순(栢栗松筍)이다. 우리의 재래종 소나무는 줄기를 자르면 다시 순이 생기지 않는다. 그런데 이곳 백률사의 소나무는 줄기를 잘라도 다시 순이 올라온다는 것이다. 이는 이차돈이 비록 목숨을 잃었지만, 불교 소생의 계기가 된 사실과 무관하지 않을 것이다.

백률송순과 관련한 또 다른 이야기가 있다. 이곳 경주 지역에 있는 대나무는 대개 가는 것뿐인데 백률사의 대나무는 유난히 굵다. 윤경렬의 『경주 박물관학교 교본1』에 의하면 봄이 되어 백률사의 굵다란 죽순이 한꺼번에 올라올 때 송홧가루를 뒤집어쓰게 되면 장관을 이루어 백률송순이라는 말이 생겼다고도 한다.

- **백률사는 신라의 명찰(名刹)이었다.**

구나발타라(求那跋陀羅)는 산스크리트어 'Gunabhadra'의 음사(音寫)이며,
공덕현(功德賢)으로 번역된다.
인도 바라문 출신 스님으로 435년에 해로(海路)로
중국 광저우[廣州]에 온 후 경전(經典) 번역에 종사하였다.

그가 처음 중국으로 왔을 때는
중국어가 서툴러 크게 고생을 했다고 한다.
그래서 간절한 마음으로 기원을 하였더니
어느 날 밤 흰옷을 입은 사람이 나타나
머리를 통째로 바꾸어 주는 꿈을 꾸었다.
그 이후부터 중국어가 유창해졌다.

필자의 경우 국가유산에 대해
별로 아는 것이 없는 데다가
얼마 전 머리 수술을 한 이후
특히 기억력이 크게 떨어져
글을 쓰는데 고생이 많다.

매일 꾸준히 운동이라고 하고는 있으나
몸도 전 같지 않다.

구나발타라 스님의 꿈에 나타났던
흰옷을 입은 사람이 나에게도 현몽(現夢)을 한다면
머리뿐 아니라 온몸을 통째로 바꾸어 주십사 하고
간청하려 한다.

그런데 간밤에도 꿈을 꾸긴 하였는데
깨고 보니 잘 생각나지 않는다.
개꿈이었나??

백률사에 오를 때면 교직 생활을 하면서 늘 가까이 지내던 선배를 생각하게 된다. 자주 술잔을 나누고 때때로 몇몇 지인들과 함께 부부간에 국내는 물론 해외여행도 자주 다니곤 했었다. 수년 전 지병으로 세상을 떠난 후 이 절에서 천도재(薦度齋)를 올렸었다.

천도재란 사람이 죽으면 그의 명복을 빌어주는 의식이다. 죽은 날로부터 7일째 되는 날부터 49일째 되는 날까지 7일마다, 그리고 100일째와 1년째, 2년째 되는 날 모두 합하여 10번 명부시왕으로부터 한 번씩 심판을 받는다. 이 중에서도 49재를 가장 중요시하는 것은 명부시왕 중 지하의 왕으로 알려진 염라대왕이 심판하는 날이기 때문이다. 그래서 예로부터 불교 신자가 아니라도 49재만큼은 꼭 치렀다.

그분의 49재가 있는 날 차마 법당에 들어가지는 못하고 절 마당을 서성이며 마음속으로 극락왕생을 기원했던 기억이 새삼스럽다.

'저승 백 년보다 이승 일 년이 낫다'고는 하지만, 사실은 '저승길이 대문 밖'인 것이다. 이렇게 죽음은 늘 내 가까이에 있는 것이다. 허투루 살아서는 안 된다고 스스로 다짐해 본다.

이 절은 이차돈의 순교와 신라의 화랑 부례랑을 구출한 만만파파식적에 얽힌 이야기 등 이적(異蹟)이 많이 일어난 곳으로 요즈음도 영험을 얻고자 찾아오는 불교 신도들이 많다.

백률사는 대한불교조계종 제11교구 본사인 불국사의 말사이다. 하지만 신라 불교의 시원이 된 명찰이었다. 『삼국유사』의 기록에 의하면 이차돈이 순교한 후 자추사를 세웠다고 한다. 이 자추사를 백률사로 추정하고 있는데 임진왜란으로 폐허가 된 건물을 1600년경에 경주 부윤 윤승순(尹承順)이 중건하고 대웅전을 중창한 기록이 있다.

현재 건물은 대웅전을 비롯하여 그 앞에 범종각, 뒤쪽으로 삼성각이 있고 한 층 아래 왼쪽으로 요사채가 있으며 뒤쪽으로 좀 떨어진 곳에 최근에 지은 송죽당이 있다. 절이라기보다는 암자 규모로 단출하다.

대웅전 건물은 약 3m 높이의 축대 위에 있으며 정면 3칸, 측면 3칸의 단층 맞배지붕 목조 기와집으로 지붕의 형태는 팔작이다.

안에는 삼존불을 모시고 있는데, 본존인 석가모니를 중심으로 좌우에 문수보살과 보현보살이 협시하고 있다. 그런데 특이하게 이 대웅전 오른쪽으로 또 다른 석가모니 상을 중심으로 16 나한상을 모셔 두었다. 대웅전 안에 응진전을 두고 있는 것이다. 이와 같은 사례는 필자가 알고 있는 한 이 백률사가 유일하다. 아마 전각을 더 세울 장소가 없어 대웅전에 응진전을 포함한 듯하다.

백률사는 대웅전과 응진전이 한 건물 내에 있다. 좌측은 석가모니를 중심으로 문수보살과 보현보살이 협시를 하고 있는 대웅전 영역이고, 우측으로는 16 나한을 모신 응진전 영역이다.

대웅전 왼쪽으로 돌아서 올라가면 삼성각이 있다. 단칸의 자그마한 전각 안에 칠성을 가운데 두고 좌우로 산신과 독성탱화를 걸어두었다.

대웅전 본존불의 후불탱화인 노사나불 탱화와 지장탱화가 2001년 6월 18일 새벽에 도난당했다. 이후 노사나불 탱화는 2017년 4월 환수되어 현재 불국사 성보박물관에서 관리하고 있다. 지장 탱화는 2020년 7월 도난 국가유산 은닉처에서 발견되어 2022년 9월 도난 국가유산 관련 2심 선고에서 원소유자로 소유권이 인정되어 2023년 현재 국립고궁박물관에 보관되어 있다.

• 박물관의 금동약사여래입상은 백률사에 있었다

국립경주박물관이 소장하고 있는 금동약사여래입상은 원래는 이곳 백률사에 봉안되었던 것이다. 이 금동약사불은 불국사 극락전의 금동 아미타불, 비로전의 금동비로자나불과 함께 통일신라의 3대 금동불 중의 하나이다.

통일신라 3대 금동불의 하나인 백률사 약사여래입상

현존하고 있는 통일신라시대 최대의 금동불상으로 높이 177cm로, 실제 사람의 키와 비슷하고 신체의 비례가 균형을 이루고 있다. 전체적으로 중후한 인상을 풍겨 주고 있는 이 불상은 광배와 양손 그리고 대좌는 없어졌으나 그 외의 보존 상태는 비교적 좋은 편이다.

불상의 등 뒤와 발바닥에는 광배와 대좌를 고정하던 촉이 남아 있다. 또 불상의 몸 전체에는 주조할 때 안 틀과 바깥 틀을 고정하기 위한 구멍 자국이 33개나 남아 있으며, 뒷면에는 커다란 장방형 구멍이 세로로 4개가 있다. 대형의 불상임에도 불구하고, 그 두께가 일정하여 신라의 주조 기술이 상당한 수준이었음을 알 수 있다.

머리는 나발이고 육계가 봉긋 솟아 있으며, 얼굴은 사각형에 가까운 원형이다. 긴 눈썹, 가는 눈, 오뚝한 코, 작은 입, 그리고 늘어진 뺨의 살, 턱에 묘사된 군살 등 대체로 우아하지만 약간 긴장된 모습이다. 목에는 세 줄의 삼도가 표현되어 있다.

몸은 아래로 내려갈수록 무거워 보이고 옷자락도 두꺼워지고 있다. 몸집은 큰 편이나 어깨가 빈약하다. 가슴은 비교적 넓지만 양감 없이 밋밋한 편이고, 어깨의 굴곡은 밀착된 불의(佛衣)로 잘 드러나 있으며, 이러한 굴곡은 허리에서도 나타난다. 옷자락 아래로 발 모습이 눈길을 끄는데, 특히 발가락과 발톱을 자세하게 표현하였다.

통견(通肩)의 불의는 가슴에 U자형으로 표현하였다. 옷 주름은 비교적 간략하지만 아래로 내려오면서 성글게 표현되어 있다. 그리고 하나씩 엇갈리면서 중심이 끊어져 있다.

현재 양손이 떨어져 나갔지만, 과거 백률사에 안치되었을 때의 사진에 약호(藥壺)를 들고 있는 왼손이 있었던 점과 현재의 양 손목 위치로 미루어 볼 때 오른손을 위로 들어 시무외인(施無畏印)을 하고, 왼손은 가슴 부근에 놓고 약호를 살짝 들었을 것으로 추정되어 약사여래임을 알 수 있다.

약사여래는 동방유리광세계(東方瑠璃光世界)를 관장하며 대의왕불(大醫王佛)이라고도 한다. 중생의 병을 치료하여 수명을 연장하고, 의복·음식 등을 만족게 하는 등 12가지 큰 소원을 세워 고난을 구제하려는 부처님이다. 그래서 한 손에는 약호를 들고 있다.

『삼국사기』 기록에 의하면, 8세기 신라의 수도 경주에서 기근이 계속되면서 많은 사람들이 병들거나 죽었다고 한다. 당시 신라 사람들은 석가모니 붓다의 말씀보다 바로 병을 치유해 줄 수 있는 약을 주거나 병들어 죽은 후 이러한 고통으로부터 영원히 벗어날 수 있는 약사유리광 정토에 태어나는 것이 소원이었다. 그것을 간절히 염원하면서 만들었던 것이 바로 백률사 금동약사여래입상이었을 것이다.

• **특이한 형태의 이차돈 순교비(異次頓殉敎碑)**

화엄종의 근본 경전인 화엄경에 다음과 같은 구절이 있다.
"나무는 꽃을 버려야 열매를 맺고, 강물은 강을 버려야 바다에 이른다."
이 구절을 온몸으로 실천한 사람이 바로 이차돈이다.

국립경주박물관 소장 이차돈순교비. 6각 기둥모양의 특이한 형태이다.

국립경주박물관에 불교 공인을 위하여 순교한 이차돈을 추모하기 위하여 건립한 이차돈순교비가 있는데, 이차돈 공양탑, 이차돈 공양당 또는 백률사석당이라고도 한다. 법흥왕 14년(527)*에 순교한 이차돈을 추모하여 그가 순교한 지 290여 년이 지난 818년에 건립하였다.

사각기둥이나 자연석에 명문만 기록하는 일반적인 비의 형식과는 달리 육각기둥에 조각과 비문이 결합한 비상(碑像)의 일종이다. 원래 이곳 백률사에 있었으나, 1914년 백률사가 일시 폐허가 되자 이 비를 경주 시내의 고적보존회로 옮겼다가 현재 국립경주박물관에서 소장하게 되었다.

이 비석은 원래 지붕 모양의 옥개석이 있었던 것으로 보이나 현재 남아 있지 않다. 받침돌은 네모난 석재 윗면을 육각형으로 도드라지게 높이고 윗부분에 연꽃무늬를 새겼다. 육각형의 한 면에는 이차돈의 순교 장면이 조각되어 있는데, 땅이 진동하고 꽃비가 내리는 가운데 잘린 목에서 피가 솟아오르는 장면을 간결하면서도 극적으로 표현하였다. 나머지 다섯 면에는 바둑판처럼 가로 세로로 교차하는 7행 25칸을 만들고 그 안에 한 글자씩 해서체로 음각하였다.

비문은 심하게 마멸되어 읽기 어려우나 마멸되기 전에 이 석당기를 목판에 새긴 법첩(法帖) 2종이 전래하여 마멸된 부분을 보충하여 이해하게 되었다. 그 내용은 법흥왕이 백성들을 위하여 불법을 일으키려고 하자, 이차돈이 고의로 잘못을 범한 것으로 꾸며 자신의 목을 치게 하여 순교한 일, 그의 목을 베자 목에서 흰 우유가 한 길이나 솟구치면서 하늘에서 꽃비가 내리고 땅이 흔들린 일, 사람들이 눈물을 흘리며 장

---

* 이차돈이 순교한 시기를 『삼국사기』에서는 528년으로 『삼국유사』에서는 527년으로 기록되어 있다.

례를 치르고 사당을 세운 일 등이 기록되어 있다. 하지만 이 비문을 지은 사람과 글자를 새긴 사람은 모두 밝혀져 있지 않다. 현존하는 불교의 공인과 관련한 사료로는 가장 오래된 것이며, 통일신라시대의 복식 및 조각사를 연구하는 데도 귀중한 자료로 평가된다.

이차돈의 성을 이씨로 잘못 이해하곤 한다. 그러나 그의 성은 박씨이고 이름은 염촉(厭髑). 거차돈(居次頓)이라고도 한다. 『삼국유사』 주(注)에 의하면 김용행이 지은 아도비문에 그의 아버지는 길승(吉升), 할아버지는 공한(功漢), 증조부는 제16대 흘해왕이다.

이차돈의 순교 이전에 이미 신라에는 불교가 들어와 있었다. 제19대 눌지왕 때 묵호자라는 승려가 고구려에서 일선군(현 선산) 모례의 집에 머문 적이 있고, 또 제21대 소지왕 때에는 아도라는 승려가 제자 3명과 함께 역시 모례의 집에 머물고 이 제자들이 경률을 강독하니 신봉자가 있었다고 한다. 또 이때 궁중에서 분향 수도하는 승려가 궁주(宮主)와 간통하고 있었다는 기록이 있다.

- **백률사에 마애탑(磨崖塔)이 있다**

대웅전 바로 앞 암벽에 새겨진 마애탑

백률사 마당은 여염집 규모로 좁다. 흔히 있어야 할 탑이 보이지 않는다. 대웅전에서 몇 발짝 옮기면 거대한 암벽이 가로막고 있다. 탑을 세울 자리가 없다. 하지만 우리 옛 선조들은 이 상황에서도 탑을 포기하지 않았다.

주역(周易)에 '궁즉통, 통즉변, 변즉구(窮則通, 通則變, 變則久)'라는 구절이 있다. 여기에서 궁즉통(窮則通)이란 '어려운 상황에서도 최선을 다하면 반드시 해결책을 찾을 수 있다'는 것이다.

자세히 살펴보면 대웅전 맞은편 암벽에 아주 얕은 양각으로 마애탑이 새겨져 있다. 비록 절 마당은 좁지만 어떠한 방법으로든 탑을 세울 수 있을 것이라는 생각에서 이런 절묘한 아이디어를 찾았을 것이다. 옛 사람들의 기발한 생각에 저절로 탄성이 나온다.

기단부와 초층 탑신 및 상륜부를 제외하고는 형태를 알아보기 힘들 정도로 마모가 심하다. 높이 3.15m로, 탑신은 3층으로 보이는데, 각 층의 옥개석마다 3~4단으로 보이는 층급받침이 있다. 기단은 너비 1.4m에 단층으로 조성되었고, 상륜부는 보주와 용차가 생략된 듯하다. 1층 옥개석 부분에 누군가가 글자를 새겨 훼손한 자국이 있어 눈살을 찌푸리게 한다. 탑의 형식으로 미루어 통일신라 말기에서 고려 초기에 제작한 것으로 추정하고 있다.

현재 경주 지역에는 이와 같은 형태의 마애탑을 더러 볼 수 있다. 남산 탑골의 마애조상군 북면에 새겨진 7층과 9층탑, 남산 탑골 입구와 절골 사이 언덕에 있는 제2 마애조상군 중에 있는 5층탑, 최근 이곳 금강산 표암에서 발견된 마애탑, 안강읍에서 15km 떨어진 곳에 위치하고 있는 근계리 석불입상 광배 뒷면에 조각된 마애탑 등이 있다. 또 경주를 벗어난 지역의 마애탑으로는 대구 북구 읍내동에 있는 마애불상군 마애탑, 봉화 북지리 지림사 마애불상군 마애탑, 상원사 적멸보궁 비석에 새겨진 마애탑 등을 볼 수 있다.

사찰문화연구원에서 펴낸 전통사찰총서(15)에 의하면 백률사에는 이 외에도 방주형(方柱形) 사면보탑(四面寶塔)이 있었다고 한다. 이 탑은 백률사 입구 전면의 요사 축대 위에 놓여 있던 것으로 여러 개였으나 대부분 없어지고, 현재는 3개만 남아 동국대 경주박물관, 국립경주박물관 등에 보관되고 있는 것으로 알려졌다.

이 탑은 높이 56cm, 너비 31cm의 화강암으로 된 네모난 기둥 형태의 보탑으로 각 면마다 양각된 탑신을 조각하고, 탑신에는 실제의 석탑과 동일하게 옥개석 받침을 3단으로 하고 각 옥개석 끝부분에는 풍경을 조각하여 퍽 정교한 편이다.

대웅전에서 한 단 아래에 좁은 마당 가장자리에는 옛 건물에 쓰였던 것으로 추정되는 초석과 석등의 지붕돌 등 석재가 몇 개 흩어져 있다.

• 백률사 관음보살이 부례랑을 구출하다

관음보살이 머무는 정토(淨土)는
인도 남쪽에 있는 보타락가산(普陀洛伽山, Potalaka)이다.
그런데 관음보살은 이 산에만 눌러앉아 계시지 않고
가끔 출장도 다니신 것 같다
이곳 백률사에도 보살이 다녀가신 흔적이 있다.

'臨急誦觀世音(임급송관세음)'이라는 말이 있다.
누구나 어렵고 급한 일을 당하면
'관세음보살'을 부르게 된다는 것으로
우리나라 사람들이 관세음보살을
그만큼 가깝고 친숙하게 생각하고 있다는 것을
단적으로 보여주는 이야기이다.

오래전 저세상으로 가신 필자의 어머님도
생전에 늘 '나무아미타불 관세음보살'을 염송하시었다.
그래서 지금은 극락에 계시면서
가끔은 보타락가산으로 가셔서
관음보살도 친견하고 계시리라 믿는다.

관음보살은 자비와 구원만을 바라는 사람들만을 위해 계시는 보살이 아니다.
모두가 관음보살과 같은 훌륭한 공덕을 쌓아

자비와 보시, 관용과 용서를 베풀 수 있는
사람이 되기를 기원하는 것이 진정한
'나무관세음보살' 염불의 참된 뜻이고
또 이를 행하는 사람이야말로 바로 관음보살이다.

관음보살의 발자국이 있다니
백률사가 또 다른 의미로 다가온다.

대웅전으로 들어가는 오른쪽 바위 위에 희미하게 3개의 발자국이 보인다.

 백률사 대웅전으로 들어가는 오른쪽 바위 위에 발자국 셋이 있다. 현재 식별이 어렵지만 이 발자국은 이 절에 있던 관음보살이 도리천에 올라갔다가 돌아와서 법당에 들어갈 때 밟았던 발자국이라고 한다. 또 다른 이야기로는 관음보살이 부례랑(夫禮郎)을 구출하여 돌아올 때 밟았던 자취라고도 한다.

부례랑 구출과 관련하여 『삼국유사』에 다음과 같은 기록이 있다.

효소왕 때 부례랑을 국선으로 삼았는데 그 낭도의 무리가 천 명이나 되었다. 어느 늦은 봄 부례랑은 무리를 거느리고 강원도 통천에 있는 금란(金蘭)이라는 곳에 놀러 갔다가 말갈족에게 사로잡히게 되었다. 부례랑의 무리는 모두 어쩔 줄을 모르고 그대로 돌아왔으나 부례랑과 가장 친한 안상(安常)만이 혼자서 그들을 쫓아갔다.

그 소식을 들은 대왕은 매우 놀랐다.

"선왕께서 만파식적을 얻어 나에게 전해 주셔서 지금 거문고와 함께 내고(內庫)에 간수해 두었는데, 무슨 일로 해서 국선이 갑자기 적에게 잡혀갔단 말인가. 이 일을 어찌하면 좋겠는가?"

이때 상서로운 구름이 천존고를 덮자, 왕이 두려워 떨면서 사람을 시켜 알아보게 하니, 그 안에 있던 거문고와 만파식적 두 보배가 없어졌다.

"내가 어찌 복이 없어 어제는 국선을 잃고 또 이제 거문고와 만파식적까지 잃게 되었단 말인가!"

왕은 즉시 창고를 맡은 관리 등 5명을 가두었다.

이후 부례랑의 부모가 백률사 관음보살상 앞에 나가 여러 날 저녁 기도를 올렸다. 그러던 중 하루는 홀연히 향을 피우는 탁자 위에 거문고와 만파식적 두 보배가 놓여지고, 부례랑과 안상 두 사람이 불상 뒤에 와 있었다.

부례랑의 부모는 매우 기뻐하며 어찌된 일인지 물었다.

"저는 적에게 잡혀간 뒤 그 나라의 대도구라(大都仇羅)의 집에서 말 치는 일을 맡아 대오라니(大烏羅尼)의 들에서 말에게 풀을 뜯기고 있는데 갑자기 모양이 단정한 스님 한 분이 손에 거문고와 피리를 들고 와서 위로하여 말하기를, '고향 일을 생각하느냐?' 하기에 저도 모르는 사이에 그 앞에 무릎을 꿇고 '임금과 부모를 그리워하는 마음을 어찌 다 말하겠습니까?'라고 했습니다. 이에 스님이 '그러면 나를 따라오너라.' 하고는 저를 데리고 바닷가로 갔는데 거기에서 안상과 만나게 되었습니다. 그 스님은 피리를 둘로 쪼개어 우리 두 사람에게 주면서 각기 한 짝씩을 타게 하고, 자신은 거문고를 타고 바다에 떠서 돌아오는데 잠깐 동안에 여기에 와 닿았습니다."

이 일을 자세히 왕에게 보고하자 왕은 크게 놀라 사람을 보내어 그들을 맞이하니 부례랑은 거문고와 만파식적을 가지고 대궐 안으로 들어갔다. 왕은 많은 금은보화를 백률사에 보내 관음보살의 은덕에 보답한 후, 나라 안의 죄인들에게 대사령을 내리고, 백성들에게는 3년간의 조세를 면제해 주었다. 또 부례랑을 봉하여 대각간으로 삼고, 그의 부모에게도 큰 벼슬을 내렸다. 또 안상은 대통을 삼고 창고를 맡았던 관리 다섯 사람은 모두 용서해 주었다.

며칠 후 혜성이 동쪽 하늘에 나타나더니 17일에 또 서쪽 하늘에 나타나자 일관이 아뢰었다.

"이것은 거문고과 만파식적을 벼슬에 봉하지 않아서 그러한 것입니다."

이에 만파식적의 이름을 만만파파식적(萬萬波波息笛)이라고 했더니 혜성은 이내 없어졌다.

땅속 염불 소리로 찾아낸 사면석불

극락은 더없이 안락해서 아무 걱정이 없는 곳으로
아미타불의 본원에 의해 만들어진 세계이다.
'안양(安養)·무량수불토(無量壽佛土)·무량광불토(無量光佛土) ·무
량청정토(無量淸淨土)·연화장세계(蓮華藏世界)'라고도 한다.
극락은 즐거움만이 있는 곳[樂有]이다.

기독교에서는 극락이 천국(天國)이다.
천국이라면 하늘나라이다.
지옥은 땅속에 있다고 믿는다.
그런데 불교에서의 극락은 꼭 하늘에 있는 것만 아니다.

『아미타경』에 의하면 인간 세계에서
서쪽으로 10만억 불토(佛土)를 지난 곳에 있다고 하여
하늘나라라고 명시하지 않고 있다.

그런데 신라 사람들은 극락이 어디 있다고 생각했을까?
『삼국유사』「의해」편 '사복불언' 조에는

사복이 띠풀을 뽑으니 연화장세계가 나타났다고 했다.
즉 극락이 땅속이었다.
공교롭게도 사복을 위해 이곳 금강산 동남쪽
이곳에서 멀지 않은 곳에
도량사를 지었다고 했다.

경덕왕이 백률사로 가기 위해서
이곳 금강산 아래에 이르렀을 때
땅속에서 염불하는 소리가 들렸으므로, 땅을 파게 했더니
사방불이 새겨진 돌이 나왔다.
그렇다면 불국토, 즉 극락이 땅속이라는 것이다.

• 사면석불은 간절한 여인의 소망을 들어줄까?

이른 저녁밥을 먹고 무거운 걸음으로 집을 나섰다. 나날이 계속되는 불볕더위로 숨쉬기조차 힘이 든다. 나이 탓인지 예전보다 더 견디기가 어렵다. 또, 신문과 방송에서는 연일 듣기 싫은 소식뿐이다. 거기다가 하버드대학 출신인 미국인 현각스님이 우리 한국 불교계가 지나치게 돈만 밝히고, 외국인 스님을 장식품으로 생각하는 현실에 실망하여 한국을 떠나겠다고 한다. 이런저런 것으로 몸과 마음이 두루 지친다.

이스라엘이 가장 번성했던 시기의 왕이었던 다윗이 세공 기술자를 불러 명했다.

"나를 위해 아름다운 반지를 하나 만들되 거기에 내가 전쟁에서 큰 승리를 거두어 환호할 때 교만하지 않게 하고, 내가 큰 절망에 빠져 낙심할 때 절대 좌절하지 않고 스스로에게 용기와 희망을 줄 수 있는 글귀를 새겨 넣으라."

세공인은 아름다운 반지는 만들었지만, 정작 거기에 새길 글귀가 떠오르지 않았다. 그래서 고민 끝에 지혜롭기로 소문난 다윗왕의 아들인 솔로몬을 찾아가 다윗왕의 명령을 설명하고 도움을 청했다.

그러자 왕자 솔로몬이 세공인에게 다음과 같은 글귀를 일러주었다.

"이 또한 지나가리라."

견디기 힘든 이 더위로 멀지 않아 저 멀리 물러가리라. 그리고 신문이나 방송에도 좋은 이야기가 더 많아질 것이라 기대해 본다.

시청 뒷길인 백률로를 지나 포항 울산 간 산업도로와의 교차로를 건너 왼쪽으로 가면 최근 조성한 주차장이 있다. 이곳에서 산 위 백률사 쪽으로 50여m를 가면 오른쪽에 굴불사지 사면석불에 이르게 된다. 땅거미가 지기 시작하는 시각인데 주위에는 단지 여인 두 사람의 그림자만 보인다.

이곳 사면석불은 기도 영험이 있다는 소문이 있어 취업이나 입시를 앞둔 이들이나 그들의 어머니들이 많이 찾는다.

중년의 한 여인은 불상 앞에 놓인 향로와 정화수 받침을 정성스레 닦고 있다. 또 다른 한 젊은 여인은 두 손을 가지런히 모으고 발걸음 소리를 죽이며 경건하게 사면석불 둘레를 돌고 있다. 탑돌이가 아닌 불상돌이를 하고 있다. 산새도 일찍 보금자리에 들었는지 적막하다. 부처님의 숨소리가 들리는 것 같다.

여인이 살그머니 북면 약사여래상 앞에 걸음을 멈춘다. 그러고는 약사여래의 왼손 손바닥 위에 놓인 약합을 조용히 쓰다듬고는 그 손으로 다시 자신의 배를 문지른다. 자세히 살펴보니 배가 무척 부르다. 임신한 몸이 분명하다. 뱃속에 든 태아를 위해 축원을 드리고 있는 것이다.

그녀의 등 뒤로 멀찍이 현수막이 어지럽게 걸려있다. ○○대학교, ○○사관학교, 교원임용고시, 행정고시, 변호사 시험에 합격한 것에 대한 감사의 마음을 표현한 것들이다.

약사여래상 앞에 축원을 드리고 있는 이 여인 또한 먼 훗날 자신의 태어날 아이에 대한 현수막도 마음속으로 걸고 있으리라….

• 경덕왕이 찾아낸 굴불사 사면석불

"신라 제35대 경덕왕이 백률사에 거동해서 산 밑에 이르렀더니 땅속에서 염불하는 소리가 들렸다. 이상하게 생각한 왕이 그곳을 파게 했더니, 큰 돌이 있는데 사면에 사방불(四方佛)이 새겨져 있었다. 여기에 절을 세우고 절 이름을 굴불사라고 했으니 지금은 잘못 전해져서 굴석사(掘石寺)라 한다."

이곳 사면석불과 관련하여 『삼국유사』 「탑상」 편 '사불산굴불산만불산(四佛山掘佛山萬佛山)' 조에 나오는 이야기이다.

「탑상」 편 같은 조 사불산 이야기에서는 죽령 동쪽 지금의 문경 땅에 진평왕 9년(587) 사방불이 새겨진 커다란 바위가 붉은 비단에 쌓여 하늘에서 떨어졌다고 하는데, 땅속에 있었다는 이곳 굴불사지 사면석불과는 대조적이다.

또 이와 관련하여 관심을 끌게 하는 것은 이곳에서 멀지 않은 금강산 동쪽 끝자락에 있는 전 도량사지이다. 도량사는 사복(蛇福)을 위해 세운 사찰로 사복은 어머니 시체를 업고 땅속 연화장세계로 들어갔다는 스님이다. 경덕왕이 이곳 땅속에서 염불소리를 들었으니 당시 신라 사람들은 금강산 지하에 연화장세계가 있었다고 생각한 것은 아닐까?

AD 1세기경 대승불교가 발생하면서 한 시대에 한 명의 부처만 존재한다는 기존 개념이 동서남북 사방은 물론 6방, 8방에도 존재하고 과거는 물론 현재와 미래에도 부처가 존재한다는 개념으로 바뀌었다. 이렇게 시간과 공간을 망라하여 모든 세계에 존재하는 부처들을 시방삼세

제불(十方三世諸佛)이라고 하며 특히 밀교 계통에서 발전하였다.

굴불사는 사방불을 신앙의 대상으로 하여 세워졌던 절이다. 사방불은 시대에 따라, 또는 경전이나 종파에 따라 그 명칭이 달라 매우 복잡하다. 금광명경 의하면 동방의 묘희국에는 아촉불, 서방 극락국에는 무량수불, 남방 환희국은 보상불, 북방 연화장장엄국은 미묘성불이 각각 배치된다. 공작왕주경이 약사신앙과 함께 유행하면서 동방에 약사불이 나타나는 경우도 있다.

사방불 사상이 더욱 발전한 밀교의 경전인 금강계의 금강정경에는 동방 아촉불, 서방 아미타불, 남방 보생불, 북방 불공성취불로 구성되어 있다. 반면에 대일경을 근거로 한 태장계에는 동방 보당불, 서방 무량수불, 남방 개부화왕불, 북방 천고음불로 되어 있다.

사방불의 존명은 이와 같이 모두 다르나 서방의 아미타불만 항상 일정했음을 알 수 있다.

8세기 이후에는 신라에서 약사신앙과 화랑들에 의해 신앙되던 미륵신앙이 널리 퍼지면서 사방불이 동 약사불·남 미륵불·서 아미타불·북 석가모니불로 재편되었고 중앙에는 비로자나불이 자리 잡게 된다.

우리나라에서 확인되고 있는 사방불의 경우 동방 약사불, 서방 아미타불은 거의 고정적이나 남과 북은 미륵과 석가 혹은 석가와 미륵 등 일정하지 않으며, 밀교 경전에서의 사방불과는 더더욱 일치하지 않는다. 이는 당시 불교신앙이 독창적으로 반영된 결과로 판단된다.

굴불사지의 사면석불은 동방에 약사여래, 서방은 아미타삼존불, 남방과 북방의 불보살상은 존명이 확실하지 않다.

경주 지역에서 사면에 불상이 표현된 경우는 이곳 굴불사지 사면석불을 포함하여 남산 탑곡마애불상군, 칠불암 사면석불, 경주경찰서 앞뜰 석탑 2기의 사방불, 동천동 석탑사방불, 국립경주박물관 석탑 5기에 새겨진 사방불, 안강 금곡사지 사방불, 경주 호원사지 사방불 등이 있다.

• 사면에 조각된 불상들

경주를 비롯한 전국에 있는 많은 불상
실제 조각한 사람이 확인되지 않고 있다.
이곳 사면석불도 누가 조각했는지 모른다.
석굴암도 김대성이 기획하고 감독을 했지만.
그가 직접 망치와 정으로 불상을 조각한 것이 아니었다.

미켈란젤로가 목이 비뚤어질 정도로
각고의 노력으로 4년 만에 완성한
그 천장화에 마지막으로 사인을 한 뒤
홀가분한 마음으로 시스티나 성당을 나섰을 때였다.
갑자기 미켈란젤로가 무슨 생각이 들었는지
다시 그림으로 돌아가서는 사인을 지워버리는 것이었다.
이 행동을 보고 있던 친구가 물었다.
"왜 자네 사인을 지워버리는가?"
이에 미켈란젤로가 이렇게 말했다.
"성당밖에 펼쳐진 아름다운 자연을 보게.
신은 그렇게 멋진 대자연을 창조하고도
어디에도 자신의 솜씨임을 내세우는 표식을 하지 않았는데
나는 보잘것없는 작은 벽화 하나 그려 놓고
어떻게 서명을 할 수 있겠는가?"

그는 마리아가 죽은 예수를 끌어안고

슬퍼하는 '피에타'상을 제외하고는
그 이후 어느 작품에도 사인을 하지 않았다고 한다.

불상을 조각하고 탑을 세운 신라 장인들이
모두가 미켈란젤로와 같은 생각을 했던 것은 아닐까?

사방불과 사면석불은 다르다. 커다란 암석 또는 돌기둥의 동·서·남·북 네 면에 조각된 불상의 형식과 크기가 거의 같으면 사방불, 그렇지 않으면 일반적으로 사면석불이라 한다. 그러니까 석불사지 네 면의 불상은 사면석불이라고 불러야 한다.

굴불사지 사면석불은 현재 보물 제121호로 지정되어 있다. 높이 약 3.5m의 커다란 바위 사면에 불상이 조각되어 있는데, 서쪽 면은 아미타삼존불, 동쪽 면은 약사불, 남쪽 면은 양각의 보살입상과 음각의 불(佛) 입상(立像), 북쪽 면은 양각의 불 입상 2구가 새겨져 있다.

이 사면불상의 중심 불상은 서쪽 면의 삼존상이다. 본존은 다른 불상들보다 크며 부조로 표현되어 있는데 머리는 별개의 돌로 조각하여 얹었으며, 오른손은 떨어져 나갔다. 법의는 양어깨에 걸쳐진 통견이고, 앞에는 U자형의 주름이 계단식으로 조각되었는데, 다소 딱딱한 느낌이 든다.

양쪽의 협시보살상은 둘 다 독립된 돌에 환조로 조각하였는데 모두 한쪽 손에 정병을 들고 있다. 왼쪽의 보살상은 왼손에, 오른쪽 보살상은 오른손에 정병을 들고 있다. 왼쪽의 보살상은 비교적 완전한 형태로 남아 있는데 보관에서 화불이 확인되고 있어 관음보살이 확실하다. 오른쪽의 협시보살상은 대세지보살로 머리 부분과 양팔이 파손되었는데 단지 정병을 들고 있는 오른팔의 일부분이 남아 있다. 양 협시보살로 미루어 서면에 모셔진 불상은 서방 극락세계를 관장하는 아미타삼존불로 여겨진다.

왼쪽부터 차례로 서면·동면·남면·북면의 불상

동쪽 면의 불상은 부조로 표현되어 있으며 결가부좌를 하고 있는데, 왼손에는 약합을 들고 있다. 동방 유리광세계를 관장하고 있는 약사불이다. 오른손은 마멸되어 분명하지는 않으나 시무외인을 취한 것으로 추정된다. 두광은 두 줄의 음각선으로 표현되어 있으며, 신광은 두 줄로 된 양각선 바깥으로 화염문인 듯한 문양이 새겨져 있다.

남쪽 면의 두 불상은 신체의 균형이 잘 잡혀 있고 주름이나 몸체의 굴곡 표현이 자연스러우며, 세련된 조각 기술을 보여주고 있다. 두 불상이 모두 환조에 가까운 부조로 조각되었는데 오른쪽 불상의 머리 부분이 떨어져 나갔다.

이 면은 원래 3존상으로 되어 있었는데 일본인들이 오른쪽 보살상을 완전히 떼어 가고, 가운데 본존상의 머리마저 떼어갔다고 주장하는 사람도 있다. 만약 삼존상이었다면 가운데 불상은 석가여래상일 것이고, 처음부터 삼존이 아니고 이존불만 새겼다면 보살상일 가능성이 많다.

그런데 바위면의 조각상을 떼어낸다는 것은 거의 불가능에 가깝다고 보아야 한다. 자세히 살펴보면 조각된 불상을 떼어낸 것이 아니고, 바위의 튀어나온 부분을 떼어낸 것으로 추정된다.

북면 불상의 왼쪽은 부조, 오른쪽은 음각으로 표현되어 있다.

왼쪽 부조로 표현된 보살입상은 높이 틀어 올린 머리에 보관을 쓰고 있다. 손을 든 자세나 천의를 두른 모습이 남면의 보살상과 비슷한 형식이지만, 보존 상태는 별로 좋지 않다.

오른쪽의 선각으로 된 보살상은 여섯 개의 손이 있는데, 두 개는 양 어깨 위로 올리고, 두 개는 가슴 앞으로, 두 개는 양옆으로 내려진 것이 확인된다. 양쪽 귀 옆으로 2면의 얼굴이 있고, 머리 위에 5면, 그 위에 2면, 맨 위에 1면이 있어, 모두 11면의 얼굴과 팔 여섯을 가진 십일면육비(十一面六臂)의 관음보살이다. 이는 관음상의 변화형으로 다방면의 신통력을 지니고 여러 가지 능력을 발휘하여 중생들을 제도함을 표현한 것이다.

• 사면석불 주변을 발굴하다

사면석불 주변지역에 대해 1910년대에 일본인들이 처음 조사를 하였다. 이후 1981년 국립경주박물관에 의하여 다시 발굴조사를 한 결과 창건 당시에 이 사면석불을 모시는 건물이 있었으며 이 건물은 고려를 거쳐 조선시대의 어느 시기까지 존재하였음을 확인하였다.

이후 본격적인 조사는 1985년 국립 문화재관리국 경주발굴조사단에서 실시하였다. 발굴 결과 서쪽에 있는 삼존불의 연화대좌를 찾아내고, 동쪽 면 약사여래의 무릎 이하 부분이 드러나 불상의 전체 모습을 확인할 수 있었다.

주위에 흩어져 있는 초석을 사면석불 앞 공터에 모아 두었다(좌측).
이곳에서 발굴된 청동반자(쇠북)는 고려 명종 13년에 주조된 것이다(우측).

굴불사의 전체적인 모습은 계곡부의 경사면을 잡석으로 메워서 땅을 고른 후 큰 바위를 옮겨와 불상을 새기고 그 주위에 건물을 세운 것으로 추정된다. 불상이 새겨진 돌이 동쪽으로 약간 기울어져 있는 것은 지반의 약화와 관계가 있을 것이다. 건물은 정면을 남쪽으로 하고 앞면 3칸 이상에 옆면 3칸의 건물로 추정하고 있다.

발굴 당시 조선시대 기와가 수습되어 이 건물이 조선 중엽에 이르기까지 목조기와의 건물이 존재하였음이 밝혀졌다. 그뿐만 아니라 고려시대 층위(層位)에서는 '동사(東寺)'라는 글자가 새겨진 기와를 비롯하여 많은 양의 유물이 출토되었다.

따라서 『삼국유사』에 기록된 것과 같이 통일신라 경덕왕 때 '굴불사'로 창건되었다가, 고려시대 한때 '동사'로 절 이름이 바뀌고, 일연이 『삼국유사』를 편찬할 당시에는 '굴석사'이었을 것으로 짐작된다.

이때 발굴된 유물로는 신라시대와 고려시대에 만든 것으로 짐작되는 금동여래입상 1점과 청동 종 2점, 청동 금고 1점, 청동 향완 4점, 기타 청동제 유물 16점을 수습했다. 이 유물 중 금동여래입상은 높이가 12cm, 좌대 높이 3cm로 8세기 통일신라시대의 것으로 추정되는데 불상 표면의 금박이 부분적으로 남아 있었다. 또 청동 종은 전체 높이가 45cm, 입지름이 13.9cm의 크기이며, 종 표면에는 비천상(飛天像)이 부조로 조각되어 있었다.

이 출토 유물들은 고려 때 몽골의 침략으로 승려들이 사찰을 떠나면서 묻었을 것이다. 이후 조선 숙종 때 다시 불사(佛事)가 이루어져 약 100년 동안 법등(法燈)이 이어지다가 이후 폐사되면서 사면석불은 대부분 자연적으로 매몰되고 일부만 지상에 드러나 있었다.

금강산 정상 부근에 있는
마애삼존불좌상

요즈음 꿈자리가 뒤숭숭하다.
그런데 아침에 눈을 뜨면 어떤 꿈이었는지
생각이 나지 않는다.

옛날에 한 선비가 과거를 보러 한양으로 가는 길이었다.
시험을 치르기 이틀 전에 연거푸 세 번이나 꿈을 꾸었다.
첫 번째 꿈은 벽 위에 배추를 심는 것이었고,
두 번째 꿈은 비가 오는데 두건을 쓰고 우산을 쓰고 있는 것이었으며,
세 번째 꿈은 마음으로 사랑하던 여인과 등을 맞대고 누워있는 것이었다.

세 꿈이 다 심상치 않아 점쟁이를 찾아가서 물었더니
이렇게 해몽하는 것이었다.

"벽 위에 배추를 심으니 헛된 일을 한다는 것이고,
두건을 쓰고 우산을 쓰니 또 헛수고한다는 것이며,

사랑하는 여인과 등을 졌으니 그것도 헛일이라는 것이니,
어서 빨리 고향으로 돌아가는 것이 좋겠소."

점쟁이의 말을 들은 젊은이는 풀이 죽어
고향으로 돌아가려고 짐을 챙기는데
주막의 주인이 물었다.
"아니 시골 선비 양반!
내일이 시험치는 날인데 왜 짐을 싸시오?"

풀이 죽은 젊은 선비가 꿈 이야기를 하자
주막 주인이 환한 미소를 지으며 이렇게 해몽하였다.

"벽 위에 배추를 심었으니 높은 성적으로 합격한다는 것이고,
두건을 쓰고 우산을 썼으니 이번만큼은 철저하게 준비했다는 것이며,
몸만 돌리면 사랑하는 여인을 품에 안을 수 있으니
쉽게 뜻을 이루겠구려!"

주막 주인의 말을 듣고 보니 그럴 듯했다.
젊은 선비는 용기를 얻어
과거시험을 보았는데 높은 성적으로 합격할 수 있었다.

간밤에 꾼 꿈을 해몽해 줄 주막 주인이 없고
또 어떤 꿈이었는지 전혀 생각이 나지 않지만
좋은 꿈이라 생각하고 집을 나선다.

오늘 찾는 금강산 동록(東麓)의 마애삼존상에 대해
술술 글이 풀릴 것 같은 예감이 든다.

　　　　※　지난여름은 유난히 더웠다. 기록적인 폭염과 열대야로 곤욕을 치렀다. 그런데 어느새 아침저녁으로 제법 시원한 바람이 불어온다. 간단한 채비를 차리고 금강산으로 향했다. 산 밑 주차장에 차를 세워두고 산길을 오르는데 솔숲을 지나는 바람이 여간 상쾌한 것이 아니다.

　요즈음 우리는 바람의 세기를 초속 몇m로 나타내지만, 우리 조상들은 솔숲을 지나는 바람을 세기와 소리 그리고 느낌에 따라 구분했다. 솔솔 부는 솔바람을 슬성(瑟聲), 솔잎을 스치는 잔잔한 바람은 송운(松韻), 약한 바람이 솔잎을 스치는 '쉬이익' 소리는 퉁소 소리와 같아 송뢰(松籟), 조금 센 바람에 솔잎이 스치는 '솨아' 소리는 파도 소리에 비유해 송도(松濤)라 했다.

금강산 동록에 있는 동천동 선각마애삼존불.
상단의 좌우에는 목조 가구용 방형 구멍이 뚫려있다.

지금 부는 바람은 송운이다. 저절로 콧노래가 흥얼거려진다.

솔바람 소리에 장단을 맞추다보니 잠깐 사이 백률사에 이른다. 대웅전 뒤 삼성각 오른쪽으로 난 길을 따라 10여 분 쯤 올라가니 금강산 정상에 이른다. 산불감시초소가 있고 그 뒤로 운동기구가 설치되어 있다. 이를 지나쳐 오른쪽으로 난 길을 따라 50여 m가량 내려가면 다시 오른쪽으로 5시 방향 갈림길이 나타난다. 방향을 바꾸지 않고 바로 내려가면 왼쪽으로 큰 바위에 새겨진 마애삼존불에 이르게 된다.

경주 부근의 큰 바위에는 거의 예외 없이 불상에 조각되어 있다. 특히 남산에 있는 거의 모든 커다란 바위에는 그 크기와 형태에 맞게 다양한 선각, 부조, 환조의 불상을 조성하였다. 이곳 금강산의 경우도 예외가 아니다. 현재 알려진 것만도 6곳에 이르고 있다.* 산의 규모를 고려하면 조성되어 있는 불상의 숫자에서 남산에 뒤지지 않는다.

이 불상은 백률사 위쪽의 금강산 정상 부근에 있는 높이 3.4m, 너비 4.9m 크기의 바위 동북향 면에 새겨져 있다. 경상북도 유형문화유산으로 지정되어 있으며, 정식 명칭은 경주 동천동 마애삼존불좌상이다.

불상의 높이는 가운데 본존불이 3m, 좌협시보살이 2.35m, 우협시보살이 2.3m이다. 삼존의 얼굴 부분만 부조로 표현하고 나머지는 선각으로 처리하였는데, 조각이 얕은 데다가 오랜 세월을 지나면서 풍화가 심해 그 특징을 파악하기 어렵다.

---

* 이곳 마애삼존불좌상을 비롯하여 굴불사지 석불, 백률사 마애탑, 전 도량사지 마애지장보살상, 제4사지의 선각마애여래입상, 표암 선각화 등이 있다.

본존은 나발이 아닌 민머리에 살이 쪄서 비만한 모습이다. 네모난 얼굴은 한 줄의 선으로 표현하고 긴 두 눈의 눈초리가 위로 치켜 올라가 있다. 육계의 윤곽이 뚜렷하지 않고, 윤곽이 불분명한 두 귀가 지나치게 커서 마치 모자를 쓴 듯 어색하지만, 목에는 삼도가 뚜렷하다. 머리 둘레에는 두광을 이중의 원으로 표현하였다.

법의는 통견인데 왼쪽 어깨에서 내려오는 옷자락은 가사 끈으로 묶어 드리웠으며, 가슴 사이로는 비스듬히 새겨진 내의의 윤곽이 보인다. 우람한 양 무릎 위로 대의 자락이 유려하게 흘러내렸다.

양팔은 마멸이 심해 수인이 불분명하나, 왼손은 무릎 위에 올리고 오른손은 위로 들어 올린 것 같다.

• 세월의 풍상에 지쳐가는 마애삼존불좌상

본존 여래좌상의 오른쪽 협시보살상은 얼굴과 몸 전체를 왼쪽으로 돌리고 꿇어앉아 마치 본존을 향해 공양하는 자세처럼 보인다. 오른쪽 겨드랑이에서 왼쪽 어깨 쪽으로 비스듬히 걸쳐진 천의(天衣) 자락이 표현되었고, 복부에도 나부끼는 옷자락이 보인다. 무릎 아래로 단판의 연꽃무늬가 있으나 대부분이 제대로 드러나지 않고 있다. 머리 주위에는 본존과 같이 이중의 선으로 두광을 표현하고, 오른손은 발꿈치 쪽으로 내리고 왼손은 가슴 위로 들었지만, 손에 들고 있는 지물은 확인할 수 없다. 보관은 화려한 꽃무늬로 장식되어 있고, 보관의 중앙에는 보병이 새겨져 있다. 관 띠 밑으로는 머릿결의 윤곽이 뚜렷하다. 보관에 보병이 새겨진 것으로 보아 대세지보살로 추정된다.

본존의 왼쪽 협시보상상은 얼굴과 신체의 윤곽선으로 보아 몸을 오른쪽으로 돌린 모습이지만 보관 일부를 제외하고는 모두 마멸되어 세부 특징을 확인할 수 없다. 광배는 원판을 포갠 듯한 이중의 원형 두광이다. 보관 중앙에 화불이 새겨져 있는 것으로 보아 관음보살로 추정된다.

좌우 협시보살이 각각 관음보살과 대세지보살이고, 참배자의 입장에서 불상을 향하면 서쪽이 되니 본존은 서방극락정토의 아미타불일 것이다.

본존불을 향해서 서로 다른 자세의 협시보살이 배치되는 형식의 마애불은 남산 삼릉계 선각 삼존불에서 찾을 수 있다.

거의 선으로 표현한 조각 기법과 대형화된 신체에 비해 느슨하고 섬약한 선, 위엄은 다소 있는 듯하나 밝지 않은 표정 등에서 이 삼존불의 조성 시기는 통일신라 말기인 9세기 후반으로 추정하고 있다.

삼존이 새겨진 암벽 위 좌우에 목조 가구용 네모난 구멍이 있어 조성 당시에는 이 불상이 건물 내부에 있었을 것으로 짐작된다.

이 유적은 금강산 입구에 위치한 굴불사지 발굴 조사에서 수습된 '東寺'라는 명문을 근거로 '동암(東庵) 마애불'이라고 불러야 한다는 주장도 있으나, 앞으로 더 연구가 필요한 실정이다.

• **마애삼존불 주변에 사찰이 있었다?**

이곳 마애삼존불좌상 아래로 100여 m 내려가면 민묘가 있는 제법 넓은 터가 있다. 위쪽으로 대나무가 빙 둘러있어 한눈에 과거에 사찰이 있었던 것을 알 수 있다. 주위에 흩어진 기왓조각이 다수 발견되고 있어 위에 있는 마애삼존불과 어떤 관계가 있지 않을까 하는 짐작을 해 본다.

어떤 이는 이곳을 자추사 터로 추정하기도 한다. 그러나 이차돈이 왕명을 빙자하여 사찰을 세우려 했다는 죄목으로 형이 집행된 장소가 왕궁이나 그 부근이었을 것이므로 순교 당시 이차돈의 잘린 목이 금강산 봉우리를 넘어 이곳까지 왔다는 추정은 아무래도 무리이다.

도량사가 아닐까 하는 생각이 들기도 하지만 『삼국유사』의 기록에 의하면 사복이 죽은 후 그를 위해 금강산 동남쪽에 절을 세웠다고 하는데 이곳은 동북쪽이니 도량사지는 아닐 것이다.

그렇다면 바로 위에 있는 마애삼존불좌상과 관련이 있는 사찰이 아닐까?

이 절터 아랫마을이 다부리(多富里)이다. 약 500년 전 진주 하씨가 처음 정착한 마을로 알려졌다. 주위에 불상이 많았다 하여 다불리(多佛里)라고도 했다. 그 아래는 승삼(僧三) 마을이다. 이곳은 신라시대부터 큰 절이 있었던 곳으로 고려 때 스님 셋이 이 마을 뒷산, 즉 금강산에서 내려와 관가 앞뜰로 들어가더니 호랑이로 변해 울며 달아나 강동면 호명리로 숨었다 하여 승삼촌(僧三村)이라 했다고 한다. 마을 안에는 구곡지라는 저수지가 있고 그 주위에 절터골, 작은 절터골, 큰 절터골이라는 지명이 남아 있다. 발굴조사를 한다면 많은 불교 유적을 확인할 수 있을 것으로 보인다.

경주 이씨의 시조인 알평 공의 탄강지 표암

표암(瓢嵓)의 '瓢'는 바가지라는 의미로
표주박이라고 할 때의 그 '瓢' 자이다.
그리고 '嵓'은 바위로 '喦''岩''巖'으로도
표기할 수 있다.
즉, '瓢嵓'은 박바위이다.

이곳 표암에서
또 하나 주목할 것은 광림대(光臨臺)이다.
'빛이 강림한 곳'이라는 뜻이다.

"하나님이 가라사대 빛이 있으라 하시매 빛이 있었고…"
구약 성경 창세기에 하나님이 처음 하신 말씀이다.
창세기의 내용과 광림대가 어떤 관련이 있는 것은 아닐까?

이어령의 저서 『지성에서 영성으로』에
이런 내용의 글이 있다.

미국의 유력한 신문인 워싱턴 포스터에서
사람들이 정말 음악을 알아듣는
귀가 있나를 시험한 적이 있다.
세계 최고의 바이올리니스트 조슈아 벨(Joshua Bell)에게
거리의 악사처럼 허름한 옷을 입고
3백만 달러짜리 스트라디바리우스를
시시한 깽깽이처럼 들고 연주를 해 보라고 했다.
자기네가 지식인입네 하는 사람들이
제일 많이 다니는 워싱턴 데팡스 지하철역에서.

조슈아 벨은 연주회 입장권이 수천 달러나 하는 스타니까
사람들이 사인해 달라고 마구 덤비면
어떡하나 걱정하기까지 했다.
아침 7시에서 8시 반까지 출근시간에
바이올린을 연주했는데
조슈아 벨을 알아보기는커녕
그 아름다운 음악을 귀담아 듣는 사람조차 없었다.
다들 휴대전화로 통화하느라 정신이 없고
바빠 출근하느라 걸음을 멈추는 사람도 없었다.
그런데 구두닦이만이 그 음악을 알아들었다고 한다.
그가 조슈아 벨인지는 모르고

저 사람은 특별한 사람이구나 하고 느꼈다고 한다.
표암도 광림대도 예사롭게 보아서는 안 될 것 같다.
내가 구두닭이인가?

• 신라 왕족과 6부 촌장의 탄강지인 경주

며칠 전 경주지역이 진앙지인 강진으로 모두들 크게 놀랐다. 『삼국사기』 「신라본기」에 기록된 지진만 모두 58회에 이르고 있어 예로부터 이곳 경주가 지진 다발지역이었음을 알 수 있다. 지진으로 민가가 쓰러지고 사망자가 생겼다는 기록이 5차례, 또 지진으로 우레와 같은 소리가 들렸다는 기록도 있어 경주지역에서 상당한 규모의 강진도 빈발했음을 알 수 있다.

이번 강진으로 조상들께서 놀라 차례상을 제대로 받으셨을까 걱정이 된다.

요즈음 인터넷에 제사와 관련하여 조상들이 수난을 당하고 있다는 유머가 있다. 성씨와 본관을 명시하고 있지만 그대로 옮기기가 민망하여 이 부분을 가리고, 거친 욕설로 된 말 일부를 바꾸어 옮겨본다.

명절 때 쫄쫄 굶는 조상귀신들이 모여 서로가 신세를 한탄한 사연이다. 먼저 씩씩거리며 ○○ ○씨 한 조상귀신이 말했다.

"설날 제사 음식 먹으러 후손 집에 가보니 아, 글쎄 이 녀석들이 교통체증 때문에 처가에 갈 때 차 막힌다고 꼭두새벽에 벌써 저들끼리 편한 시간에 차례를 다 지내 버렸지 뭔가. 가보니 설거지도 다 끝내고 다 가버렸어. 할 수 없이 수도꼭지 틀어놓고 물만 한 컵 떠 마시고 왔지 뭐야!"

다음으로 분통이 터진 △△ △씨 조상귀신이 한마디 했다.

"자넨 그래도 나은 편이야. 나는 후손 집에 가보니 집이 텅텅 비었더라구. 알고 보니 해외여행 가서 거기서 제사를 지냈다는 거야. 거길 내가 어떻게 알고 찾아가누?"

아까부터 찡그리고 앉아있던 ㅁㅁ ㅁ씨 조상귀신 하는 말,

"상은 한 상 잘 받았는디. 그것이 모두 택배로 온 음식이었어. 운반과정에 모두 상해서 먹을 수가 있어야지. 할 수 없이 그냥 혼자서 커피 한 잔 타 먹고 왔어."

뿔난 또 다른 ◇◇ ◇씨 귀신,

"나쁜 놈들! 호텔에서 지낸다고 문자메시지 왔지 뭐야. 거기까지 가까스로 물어물어 찾아갔지. 제상에 올라온 음식을 입에 넣었는데 망할 놈들, 모두 플라스틱으로 만든 음식이었어. 그래서 이빨만 다치고 왔다네."

열 받은 ×× ×씨 조상귀신이 목에 핏대를 올려 한 마디 한다.

"난 말이야. 아예 그놈들 집에 가지도 않았어. 후손들이 인터넷인가 뭔가로 제사를 지낸다고 해서, 힘들게 찾아갈 필요가 없어 편하게 근처 PC방으로 갔었지."

"그래, 인터넷으로라도 제사상을 받았는가?"

"먼저 카페 회원가입을 해야 한다잖아. 가입하려고 하니까 신분이 귀신이라 안 된다는 거야. 에이 망할 놈들!"

우리 한국인은 신라인을 시조로 하는 성을 가진 사람이 다수이다. 신라가 삼국을 통일하면서부터 고려와 조선을 거쳐 단일 국가를 이루어왔기 때문이다. 그래서 이종욱은 '신라가 한국의 오리진'이라고 주장한다.

신라 왕족인 '박·석·김'씨를 비롯하여 6부 촌장인 '이·손·정·최·배·설'씨의 시조가 모두 경주지역에서 탄생했다.

시조왕의 제향을 받드는 곳을 제전(祭展), 육촌장을 위패를 모시고

제사를 지내는 곳은 재실(齋室)이라고 한다.

　박씨의 시조인 박혁거세는 숭덕전, 석씨의 시조인 석탈해는 숭신전, 김씨로서 처음 왕위에 오른 미추왕과 문무왕, 경순왕은 숭혜전에서 제향을 받들고 있다. 이·손·정·최·배·설씨의 육촌장은 양산재에서 위패를 모시고 제사를 지낸다. 경주 이씨의 경우에는 별도로 표암재를 두고 있다.

- **알평 공이 하늘에서 표암으로 내려오다.**

　알천양산촌의 촌장인 알평(謁平)이 탄강하였다고 전해지는 이곳 표암은 경상북도기념물 제54호로 지정되어 있다. 해발 20m 정도의 봉우리로 탈해왕릉과 70m 정도 떨어져 있으며, 알천, 즉 북천과는 약 700m 정도 떨어진 지점에 위치한다.

　『삼국유사』「기이」편 '신라 시조 혁거세왕' 조에 다음과 같은 기록이 있다.
　"진한 땅에는 옛날에 6촌이 있었다. 첫째는 알천양산촌이니 그 남쪽은 지금의 담엄사이다. 촌장은 알평이니 처음에 하늘에서 표암봉에 내려왔으며 이가 급량부 이씨의 조상이 되었다."

악강묘 뒤로 보이는 봉우리가 알천양산촌장
알평 공이 내려왔다는 표암봉이다.

　이어진 내용에 의하면 기원전 69년 6촌의 촌장들이 자제들과 함께 알천의 언덕에 모여 덕이 있는 사람을 찾아 임금으로 삼고 나라를 세울 것을 의논하였다. 그들이 높은 곳에 올라 남쪽을 바라보다 양산 나정

우물가에 흰말이 꿇어앉아 절하는 형상을 하고 있는 것을 보고 그곳을 찾아가서 혁거세를 발견하였다. 그때 그들이 올랐다는 높은 곳이 어쩌면 이곳 표암일지도 모르겠다. 실제로 표암 유허비각 앞에 서서 멀리 남쪽을 바라보면 나정 쪽이 한눈에 들어온다.

『동경잡기』 권1 '산천' 조에는 표암과 관련하여 다음과 같은 기록이 있다. "표암은 경주부의 동북 5리에 위치하는데, 이알평이 탄강한 곳이다. 속전에 의하면 이 바위가 나라에 해를 미칠 수 있으니 박을 심어 덮었다고 하여 이름 지어졌다고 한다."

『경주풍물지리지』에는 이곳 표암과 관련하여 세 가지 전설을 소개하고 있다.

첫째, 신라 때 월성에서 이 바위가 마주 바라보이므로 고을의 정기가 위압 당한다하여 박을 심어 덩굴이 바위를 덮어 보이지 않도록 하였다.
둘째, 알평 공이 하늘에서 내려올 때 가지고 온 박을 이곳에 두었더니, 순식간에 자라나 바위를 덮었다. 혹은 그 박이 한없이 자라 저절로 쪼개졌는데, 그 속에서 이 바위 더미가 나왔다.
셋째, 옛날 동천에 살던 한 할머니가 이 바위 밑에 박을 심었더니 박 덩굴이 자꾸 자라서 온 바위를 덮었다. 지금 경주 이씨 시조 비각 옆에 큰 박이 열렸는데, 그 속에서 옥동자가 나와 데려다 기르니, 이 아이가 자라 후일 알천양산촌의 촌장에 오른 알평 공이다.

이곳의 지형적인 특징과 전해지는 자료들을 바탕으로 표암봉이 소도 유적의 하나라고 주장하는 학자도 있다.

경주 이씨 대종보에 따르면, 알평은 6촌의 촌장과 협의한 후 박혁거세를 왕위에 세우고, 벼슬은 아찬에 올라 군사 업무를 맡아보았다. 그 후 유리왕 9년(기원전 32년)에 신라 건국의 공을 인정받아 이씨 성을 하사받았으며, 법흥왕 23년에는 문선공이라는 시호를 받았고, 무열왕 3년엔 은열왕(恩烈王)으로 추봉되었다.

하지만 시조 이알평 이후 35대까지 세손이 전해 내려오지 않고, 신라 말에 들어와 소판 벼슬을 한 진골 출신의 36대손 이거명에 이르러 본관 성씨로 자리 잡게 되었다. 그리하여 경주이씨는 고시조를 이알평으로, 중시조를 이거명으로 삼고 있다.

'알평(謁平)'과 관련하여 '알(謁)'은 '거룩한' 또는 '신성한'의 뜻이며, '평(平)'은 '잘 다스린다'는 뜻으로 이름이라기보다는 존호로 보아야 한다는 주장도 있다.

• 향사를 지내는 표암재와 신위를 모시는 악강묘

외삼문인 산앙문(山仰門) 안으로 들면 표암재이다. 1925년에 건립된 정면 5칸, 측면 2칸의 팔작지붕의 건물로 향사를 지내는 곳이다.

평소 출입을 통제하고 있어 안으로 들어가 볼 수는 없으나 표암재의 정원에는 신라정(新羅井)이라고 새겨진 우물이 남아 있는데, 깊이는 8-9m 정도이고, 상단에는 최근에 6각형으로 쌓아 올린 화강암 구조물이 있으며, 신라정 뒤편에는 육합대(六合臺)라고 새겨진 자연석과 기타 다수의 석조물들이 있다고 한다.

표암재 바로 옆에는 1971년에 알평 공의 신위를 모신 악강묘가 국고지원으로 건립되었다. 악강묘의 정문에는 조동문(肇東門)이라는 현판이 걸려 있다. 악강묘만이 화려하게 단청이 되어 있어 주위 다른 건물보다 격이 높음을 알 수 있다.

악강묘 서편으로는 제례를 치를 때 음식을 마련하는 곳인 전사청과 제례에 사용하는 각종 그릇, 기구 등을 보관하는 제기고가 있고, 그 비껴 뒤쪽으로는 관리사가 있다.

또한 삼성그룹의 창업주인 이병철 씨에 의해서 건립된 「경주 이씨 시조 휘알평 경모비(慶州李氏始祖諱謁平景慕碑)」가 있다.

이 지역 일대는 조선시대 이후 경주 이씨 문중에 의해 성역화 되어왔다.

알평 공의 향사를 지내는 표암재(좌)와 신위를 보신 악강묘(우)

매년 음력 3월 중정(中丁)에 이곳에서 향사(享祀)가 봉행된다. 중정이란 음력으로 그달 중순에 일진의 천간(天干)이 정(丁)으로 드는 날을 말한다.

매년 표암재 춘계향사에는 경주, 재령, 합천, 장수, 홍양, 차성, 아산, 진주, 우계, 원주, 가평, 평창 이씨 등 전국에서 종친, 후손 등 약 5,000~7,000명이 참석한 가운데 봉행되고 있다.

성과 본관과의 관계에서 본관과 성이 같으면 동성동본(同姓同本), 경주 김씨와 강릉 김씨와 같이 시조는 같으나 본관이 다를 때는 동성이본(同姓異本), 안동 김씨 가운데 일부가 고려 태조의 사성(賜姓)을 받아 안동 권씨가 된 경우는 이성동본(異性同本)이라고 한다.

이곳 표암재의 춘계 행사에 참여하는 모든 성씨는 모두 알평 공의 후손으로 이성동본이다.

• 알평 공이 하늘에서 내려온 광림대(光臨臺)

표암 위에는 표암유허비가 있고 그 뒤로는 광림대가 있다.

앞면에 '신라 재명공신 급량부대인 이씨 알평유허비(新羅在命功臣及梁部大人李氏 謁平遺墟碑)라고 새겨진 이 비는 순조 4년(1804)에 후손인 좌의정 이경일이 현인을 공경하고 조상을 추모하는 내용으로 비문을 짓고, 형조판서 이집두가 글씨를 썼다. 이 비는 원래 당시 표암 앞을 흐르던 동천 가에 있었으나, 홍수의 피해를 입게 되어 1879년 현재의 위치로 옮겼다고 한다.

알평 공이 처음 하늘에서 내려온 광림대(좌).
광림대 안에는 알천 공이 처음 강림하여 목욕을 한 곳으로 전해지는 석혈이 있다(우).

'광림대'라는 현판이 걸린 보호각 안에는 석혈이 있다. 알천 공이 처음 이곳에 강림하여 목욕을 한 곳이라고 한다. 이 석혈을 비의 받침이라고 주장하는 사람도 있다.

• 표암에 당번 등이 새겨진 선각화가 발견되다

바위나 동굴 벽에 여러 가지 동물이나 기하학적 상징 문양을 그리거나 새겨놓은 그림을 암각화라고 한다. 구석기시대부터 그려졌지만 가장 두드러진 것은 신석기시대부터였고, 청동기시대에 와서 가장 많이 새겨졌다. 선사시대의 신앙과 생활 모습을 생생하게 표현하였으며, 주로 풍요로운 생산을 기원하는 주술적인 내용이 많다. 경주 부근에는 석장동과 내남 안심리에 암각화가 있고, 포항 칠포리, 울산 천전리와 대곡리 그리고 고령 양전동 암각화가 특히 유명하다.

2011년 5월, 표암화수회에서 표암 부근의 초목을 제거하던 중 이 암각화를 발견하게 되었다. 그런데 이때 발견된 암각화는 명문이나 표현된 내용으로 볼 때 선사시대의 유물이 아니며, 또 단순히 선으로만 표현되어 있기 때문에 선각화로 보아야 한다는 주장이 설득력을 얻고 있다.

이 선각화는 지상 약 5m 지점 표암 서향 바위 약 230cm×200cm의 면적에 왼쪽으로부터 승려상, 불전, 삼층탑, 명문, 당간, 당번, 산문 등이 음각으로 새겨져 있다.

박대재 고려대 한국사학부 교수는 선각화와 함께 발견된 명문을 '天寶二年滿月夫人干子上世也'라고 판독하면서 이를 "천보 2년(743)에 만월부인(滿月夫人)이 천상세존(天上世存)께 아들을 기원합니다."로 해석했다. 이에 따라 이 선각화가 불당과 탑이 있는 사찰에서 만월부인이 당번(幢幡)을 봉안하면서 아들 낳기를 기원하는 의식을 담은 그림으로 볼 수 있다고 추정하였다.

표암선각화는 만월 부인이 당번을 봉안하면서
아들 낳기를 기원하는 의식을 표현한 것으로 추정하고 있다.

만월 부인은 경덕왕의 차비(次妃)로 시호는 경수 태후인데 의충 각간의 딸이다. 선비(先妃)는 이찬 순정의 딸인 삼모 부인(三毛夫人)인데 아들을 낳지 못해 궁에서 쫓겨났다. 만월 부인이 후비가 되고 나서도 아들을 낳지 못하자, 경덕왕이 불국사의 승려 표훈(表訓)으로 하여금 하늘로 올라가 천제에게 아들을 얻도록 간청하게 하였다. 표훈의 청에 대해 천제는 아들은 안 되고 딸은 얻을 수가 있다고 했다. 왕이 다시 표훈을 보내어 딸을 아들로 바꾸어 주기를 요청하니, 그렇게 하면 나라가 위태로울 수 있다고 하였다. 그래도 왕이 고집해서 아들을 얻게 되었는데 그가 제36대 혜공왕이 된 건운(乾運)이었다. 태자가 8살이 되었을 때 왕이 세상을 떠나 태자가 왕위에 올랐다. 왕이 나이가 어려 태후가 조정의 업무를 처리했으나, 이치에 맞지 않게 정사를 봄에 따라 도적이 벌떼처럼 일어나 나라가 어지러웠다.

이 명문과 그림 이외에 오른쪽 아래에 내용이 불분명한 또 다른 명문과 선각이 일부 보이고, 오른쪽 위 약 5m 위치에도 30~40cm 높이의 석탑으로 추정되는 이미지가 선각으로 표현되어 있는 것으로 보이나 마멸이 심하여 제대로 식별을 할 수가 없다.

이 마애암각화는 국내에서 유일하게 당간이 새겨져 있고, 사찰 중요 행사 때 당간지주에 내걸었던 깃발인 당번 그림이 국내 최초로 발견되었다는 점에서 크게 주목을 받고 있다.

탈해왕릉과 숭신전

나라를 처음 세운 왕들은
대개 알에서 태어난 경우가 많은 것으로 전해오고 있다.
고구려의 시조인 동명왕은
하백의 딸 유화와 해모수가 신이로운 혼인을 한 뒤에
낳은 커다란 알에서 탄생하였으며,
신라 시조 박혁거세는 하늘에서 내려온 자줏빛 알에서,
가야의 시조인 수로왕도 구지봉에 내려온
황금알에서 태어났다.

신라의 넷째 왕인 탈해 또한
그의 어머니가 7년간 기도한 끝에 낳은 알에서 태어났다.
그리고 호공에 이어 왜에서 신라로 귀화한
두 번째 인물이었다.

박혁거세나 김수로는 하늘에서 직접 땅으로 내려온
알에서 탄생하지만,
동명왕이나 탈해왕은 인간의 몸에서 알로 태어난 것이다.

탈해는 『삼국사기』에서는 다파나국,
『삼국유사』에서는 용성국에서 태어났다고 하였다.
이 나라는 왜국의 동북쪽으로
1,000리에 있다고 하였다.
당시 왜의 수도였던 나라(奈良)를 기준으로 보면
실제로는 왜국의 변방이었을 것이다.
알로 태어난 탈해는 왕의 버림을 받았으나
어머니인 왕비에 의해 배에 실려
금관국을 거쳐 신라로 오게 되었다.
고난의 연속이었을 것이다.

영국의 식물학자 알프레드 러셀 윌리스가
자신의 연구실에서 고치에서 빠져나오려고
애쓰는 나방의 모습을 관찰하고 있었다.
나방은 바늘구멍만 한 구멍을 하나 뚫고
그 틈으로 나오기 위해 꼬박 한나절을 애쓰고 있었다.
고치에서 빠져나온다는 것은
생사가 걸린 중대한 문제였다.
그렇게 아주 힘든 고통의 시간을 보낸 후
번데기는 나방이 되어 나오더니
공중으로 훨훨 날갯짓하며 날아갔다.
이렇게 힘들게 애쓰며 나오는 나방을 지켜보던
윌리스는 이를 안쓰럽게 여긴 나머지,
또 다른 나방이 쉽게 빠져나올 수 있도록

칼로 고치의 옆부분을 살짝 그었다.
나방은 쉽게 고치에서 쑥 나올 수 있었다.
하지만 좁은 구멍으로 나오려고 안간힘을 쓰던
나방은 영롱한 빛깔의 날개를 가지고
힘차게 날아가는 반면,
쉽게 구멍에서 나온 나방은
무늬나 빛깔이 곱지 않았다.
그리고 몇 차례 힘없는 날갯짓을 하고는
그만 죽고 만 것이다.
오랜 고통과 시련을 겪으면서 좁은 틈새를 뚫고 나와야만
진정한 나방이 될 수 있었던 것이다.

왕의 버림을 받은 탈해는 신라까지 오게 되고
신라에서 적응하기까지는
수없는 고난의 연속이었을 것이다.
그 시련을 슬기롭게 극복했기에
신라의 네 번째 왕으로 등극할 수 있었을 것이다.

• 탈해는 어떻게 해서 서라벌에 오게 되었을까?

지금까지 우리는 단일민족임을 내세우고 이를 은근히 자랑으로 알고 있었다. 그러나 최근 다문화 가정이 늘어나면서 이에 대한 생각이 바뀌고 있으나, 실은 아주 오래전부터 많은 이민족이 우리 땅에 들어와 살고 있었다.

기록상 가장 먼저 이 땅에 정착한 사람은 금관가야의 시조인 김수로왕의 왕비인 허황옥이다. 『삼국유사』 「기이」 편 '가락국기'에 의하면 허황옥은 인도 아유타국의 공주로 이 땅에 와서 김수로를 만나 김해 김씨와 김해 허씨의 시조모가 되었다. 왜인들은 1~2세기경 삼한시대부터 일부가 한반도 남부에 자리 잡고 있었다. '처용랑 망해사' 조의 처용은 당시 울산 지역에 살았던 아랍인이었을 것으로 추정된다. 지금 원성왕릉에 있는 무인석은 오뚝하고 큰 코와 곱슬머리, 터번을 쓴 우람한 체구 등 신라인과는 전혀 다른 모습이다. 당시 아랍인들이 이곳에 정착해 살았음을 반증하고 있다. 화산 이씨의 조상으로 알려진 이용상(李龍祥)은 베트남 왕자로 권력투쟁 과정에서 밀려나 송나라를 거쳐 고려로 들어와 정착했다.

『조선왕조실록』에 따르면 중국인뿐만 아니라 북방 유목민족인 거란족이나 여진족, 몽골족이 대거 우리 땅에 들어와 정착한 사실이 있다. 조선 인조 때에는 네덜란드인인 벨테브레이가 귀화하여 박연이라는 이름으로 이 땅에서 일생을 마쳤다. 임진왜란 때는 가토 기요마사의 선봉장이었던 김충선(金忠善)이 귀화하여 조선의 장수로 활약하기도 했다. 최근에 귀화한 사람은 일일이 열거할 수 없을 정도로 많다.

석탈해는 이 땅을 찾아 최초로 왕이 된 귀화인이 아니었을까?

석탈해왕은 신라의 네 번째 왕으로 재위 기간은 AD. 57년에서 80년까지이다. 석씨의 시조인 탈해는 혁거세와 마찬가지로 알에서 태어났다. 『삼국사기』에 의하면 다파나국(多婆那國) 왕이 여인국(女人國) 왕녀에게 장가를 들었다. 그 후 7년 만에 태기가 있어 큰 알을 낳았다. 왕이 상서롭지 못하다 하여 그 알을 버리라고 했는데 왕비는 차마 그러지 못했다. 비단으로 알을 싸고 보물과 함께 궤짝에 넣어 바닷물에 띄웠다. 그 궤짝이 처음 금관국 해변에 밀려들었으나 그곳 사람들이 괴이하게 여겨 그냥 보내니 현 양남면 나아리로 추정되는 아진포에 닿았다. 때마침 해변에 살던 아진의선이라는 노파가 배를 당겨 궤짝을 열었더니 작은 아이가 있어 이를 데려다 길렀다. 장성하자 키가 9자요 인물이 수려하고 아는 것이 많았다. 누군가가 이렇게 말했다고 전한다.

"이 아이의 성씨는 알 수 없으나, 처음 떠내려올 때 까치가 울며 따랐으니 까치 '작(鵲)' 자에서 새 '조(鳥)' 자를 떼어 '석(昔)' 자로 성을 삼고, 궤짝을 풀고 나왔으니 이름을 '탈해(脫解)'라 하여야 한다."

『삼국유사』에는 탈해가 용성국(龍城國) 왕인 함달파(含達婆)와 적녀국(積女國)의 왕녀 사이에 태어났다고 했다. 용성국은 정명국(正明國), 완하국(琓夏國), 화하국(花夏國)이라고도 한다. 그리고 '가락국기'에서는 탈해가 수로왕과의 술법에서 지게 되어 서라벌로 달아난 것으로 되어 있다. 『삼국사기』의 다파나국을 포함하여 이들 나라는 모두 왜국의 동북쪽으로 1,000리 떨어진 곳에 있다고 한다. 당시 일본의 중심지가 나라나 교토였으니 이곳으로부터 동북방은 혼슈의 북쪽이거나 홋카이도이니 역시 일본 땅이다. 대보 벼슬을 지낸 호공도 왜인이라고 했는데 여러 정황으로 미루어 탈해 역시 왜인이 아니었을까? 그렇다면 탈해와 호공은 신라 최초의 귀화인이 되는 것이다. 배에 실려 버려졌으니 망명인이라 해야 할지도 모를 일이다.

양남면 나아리에 있는 탈해왕 탄강유허비각(좌)와 비(우)

『삼국유사』에는 탈해왕의 탄강지가 계림동 하서지촌 아진포라고 기록되어 있는데, 1845년에 나라에서 탄강지에 하마비와 땅을 하사하였다. 석씨 문중에서 이곳에 유허비와 비각을 건립하였다. 현재 이 비가 있는 곳은 양남면 나아리이다.

• 탈해는 왕이 될 자질을 갖춘 지혜로운 사람이었다

탈해는 아진의선이라는 노파를 어머니로 삼아 고기잡이를 하여 봉양하면서 학문에 힘쓰고 지리를 익혔다.

탈해가 어릴 때 지팡이를 끌며 두 종을 데리고 토함산에 올라 무덤 같은 돌집을 지어 이레를 머물렀다. 서라벌을 내려다보니 초승달 같은 봉우리가 보이는데 길지(吉地)였다. 산에서 내려가 찾아보니 호공의 집이었다. 그는 꾀를 써서 몰래 숫돌과 숯을 그 집 옆에 묻어 두었다. 다음 날 이른 아침에 그 집을 찾아가 이렇게 말하였다.

"이 집은 우리 조상들이 대대로 살아온 집이다."

호공이 그렇지 않다고 하여 다투니 결말이 나지 않아 관가에 고했다.

"무슨 증거로 이 집을 너의 집이라고 하느냐?"

관리가 묻자 탈해가 태연히 대꾸했다.

"우리는 본래 대장장이인데 잠시 이웃 지방으로 나간 사이에 이렇게 다른 사람이 살고 있습니다. 땅을 파 보시면 알게 될 것입니다."

그 말대로 하니 과연 숫돌과 숯이 나왔으므로 탈해가 그 집을 빼앗아 살게 되었다.

이성계가 왕이 되기 전 저잣거리에서 파자점(破字占)을 본 적이 있는데, 무심코 물을 '문(問)' 자를 골랐다. 점쟁이는 글자 모양을 가리키며 "오른쪽으로도 임금 군(君)이요, 왼쪽으로도 임금 군이니 틀림없는 인군지상(人君之相) 이라고 했다. 돌아선 이성계가 한 행인에게 부탁했다. "저 점쟁이에게 파자점을 보되 물을 문자를 고르시오." 이에 행인 역시 물을 문자를 짚었으나 점쟁이의 예언은 완전히 딴판이었다. "문(門) 가운데에 입(口)을 대고 있으니 걸인지상(乞人之相)이로군."

우리 같은 범인이 호공의 집을 빼앗았다면 사기꾼이 되지만, 탈해이었기에 지혜가 출중한 사람으로 결국 왕위에 오를 수 있었다고 해야 할까?

이후 남해왕이 탈해가 현명하다는 소문을 듣고 맏사위로 삼은 후 그에게 대보(大輔)라는 벼슬을 주고 군국정사(軍國政事)를 맡겼다. 호공은 탈해왕이 즉위한 이후 대보 벼슬을 하였다.

탈해가 임금이 되기 전에 하루는 동악(東嶽)에 올랐다. 더운 날씨에 무술을 연마하고 사냥을 즐기다 보니 목이 말랐다. 주위를 둘러보아도 샘이 보이지 않았다. 그래서 하인에게 샘을 찾아 물을 떠 오도록 일렀다. 나무 밑에 앉아 땀을 식히면서 기다렸으나 좀처럼 돌아오지 않았다. 기다리다 못해 탈해가 골짜기로 내려가 보았다. 그런데 이게 웬일인가! 하인의 입에 표주박이 붙어 있는 것이 아닌가. 하인은 이를 떼어내려고 안간힘을 다하고 있었다. 탈해가 가까이 다가서자 하인은 울면서 용서를 빌었다.

물을 떠서 가다가 하도 목이 말라 아무도 보는 사람이 없는데 한 모금 마신들 어떠랴 해서 표주박을 입에 대는 순간 입술에 붙어서 떨어지지 않는다는 것이었다.

"이제부터는 가깝거나 멀거나 무슨 일이 있어도 절대로 주인 먼저 물을 마시지 않겠사옵니다."

탈해가 그의 잘못을 용서해 주자, 그제야 표주박이 입에서 떨어졌다. 이후부터 하인은 탈해를 두려워하여 감히 속이지 못하였다.

그로부터 이 샘을 요내정(遙乃井)이라 하였다.

석굴암 석굴 아래의 감로수(좌), 토함산 정상 부근의 포수우물(중)
토함산 등산로 근처에 있는 오동수(우). 이 셋과 동산령 찬물내기를
요내정으로 추정하기도 한다.

지금 석굴암의 석굴 아래 큰 돌확에 고인 물을 감로수(甘露水)라고 하는데 이 감로수를 요내정으로 보고 있다. 그러나 석굴암 정상 가까이에 포수우물로 알려진 샘이 있는데 이 샘이라는 주장도 있고, 불국사에서 토함산 등산로를 따라 오르다가 중간쯤의 위치에서 오른쪽 골짜기에 있는 오동수, 또 불국사에서 석굴암 주차장으로 오르는 도중 동산령에 있는 찬물내기를 요내정으로 추정하기도 한다.

• 탈해왕릉은 진짜가 아니다?

"권력은 부자간에도 나누지 않는다."라고 한다. 왕조시대에 왕은 절대 권력을 가진다. 그런데 그 시대에도 서로 왕의 자리를 사양한 사람들이 있다. 신라 제3대 왕인 유리와 제4대 왕인 탈해가 바로 그 사람이었다.

남해왕이 죽은 후 맏아들인 유리가 덕망이 있는 탈해에게 왕위에 오르기를 권하였으나 탈해가 양보를 하였다. 이후 유리왕이 죽을 때는 두 아들이 있음에도 탈해가 왕위를 계승하도록 하였다.

나이 62세에 신라 네 번째 왕으로 등극한 탈해는 계림(鷄林)으로 국호를 삼고 내치에 힘쓰는 한편 백제, 왜, 가야 등과 여러 차례 전쟁을 치르면서 국력을 키워 나갔다. 『삼국사기』에 의하면 탈해가 재위 24년 죽으니, 성(城)의 북쪽 양정구(壤井丘)에 장사 지낸 것으로 기록되어 있다. 여기서 언급한 '성'은 기원전 37년에 쌓은 '금성'을 가리키는 듯하다.

그런데 『삼국유사』에서는 재위 23년 만에 세상을 떠났으며 소천구(疏川丘)에 장사를 지내고 유골로 소상을 만들어 대궐에 모셔 두었다가 훗날 태종 무열왕의 꿈에 탈해가 나타나 '내 뼈를 소천구에서 파내어 소상을 만들어 토함산에 안치하라'고 해서 그 말대로 했다. 이후 탈해는 동악신이 되었다고 한다. 『삼국유사』의 기록을 사실로 인정한다면 탈해왕릉 또는 사당이 토함산에 있어야 한다. 또 처음 장사를 지낸 곳이 '양정구'와 '소천구'라면 언덕이라야 한다. '구(丘)'는 언덕이라는 의미이니, 산자락에 있는 현재의 왕릉과는 맞지 않는다.

『신증동국여지승람』과 『동경잡기』에는 탈해왕릉과 관련한 기록이 없다.

금강산 남쪽 끝자락에 있는 탈해왕릉

현재 탈해왕릉은 동천동 산 17번지 금강산 남쪽 끝자락에 있는 원형 봉토분으로 사적 174호로 지정되어 있다.

왕릉 주변에는 아무런 시설과 표식물이 없는 가장 단순한 형태의 무덤이다. 소나무 숲으로 둘러싸인 이 왕릉은 밑지름은 14.3m이고, 높이는 4.5m로 신라 왕릉 가운데 비교적 규모가 작은 편에 속한다. 능 주변의 소나무가 봉토 쪽으로 다소곳이 허리를 굽히고 경건하게 왕께 예를 표하고 있는 듯하다.

금강산 남쪽 끝자락에 있는 탈해왕릉

이 무덤은 1974년 12월 31일 새벽 2~3명의 도굴꾼에 의해 도굴을 당했다. 당시 봉분 동북쪽 지점에서 너비 85cm, 깊이 440cm로 갱을 만든 후 도굴을 한 것으로 알려졌는데 이때 묘제가 굴식돌방무덤[횡혈식석실분(橫穴式石室墳)]임이 밝혀졌다.

굴식돌방무덤은 6세기 중엽 이후에 나타나며 탈해왕 재위 시는 목관묘 시기에 해당한다. 또 무덤의 위치도 초기의 고분군 지역인 경주평야 중심지를 벗어난 변두리 산록으로 옮겨졌다는 점에서 탈해왕 때인 1세기가 아닌 통일기 전후의 고분으로 추정된다. 또한 분구의 규모가 소형급이며 묘제가 굴식돌방무덤이란 점에서 통일기 전후의 무덤과 상통한다는 점, 아울러 소상(塑像)을 만들어 토함산에 안치하였다는 설화 내용으로 볼 때 왕릉 내부에는 유골이 없었을 것으로 추정된다는 점, 그리고 유골을 어떠한 사유에서든지 옮긴 묘는 보존하지 않는다는 점 등을 제시하며, 학계에서는 이 무덤을 탈해왕릉으로 인정하지 않고 있다.

능 앞에 마련된 잘 다듬은 돌은 후대에 설치한 혼유석(魂遊石)이다.

• 탈해왕의 제전인 숭신전

영국의 역사학자 토인비는 한 인터뷰에서 만약 지구가 멸망해 다른 별로 가야 한다면 무엇을 가져가겠느냐는 질문에 "효(孝)와 경로사상이 아름다운 한국의 가족제도를 포함시킬 것"이라고 답했다.

우리는 예로부터 '효'를 최고의 덕목으로 생각해 왔다. 특히 조상을 모시는 제례의 경우 단순히 당대에 모시던 부모, 조부모뿐만 아니라 4대에 걸쳐 제사를 지내는가 하면, 성씨의 시조를 모시는 정성은 각별했다.

석탈해왕릉의 동남쪽에 왕의 제사를 모시기 위한 숭신전이 있다.

숭신전은 탈해왕릉의 동남쪽에 있는데 석탈해왕릉 보존회에서 소유·관리하고 있으며, 1992년 7월 18일 경상북도 문화유산자료로 지정되었다.

숭신전은 석탈해왕의 제사를 모시기 위해 광무 2년(1898)에 당시 군수였던 권상문(權尙文)의 제안으로 석씨 후손인 석필복(昔必復)이 인왕동 월성 안에 세웠다. 그 후 광무 9년(1906) 숭신전으로 편액을 받고 숭덕전, 숭혜전의 예에 따라 신라의 3성 시조 임금을 같이 봉사(奉祀)하게 되었다.

1980년, 월성 정비 계획에 따라 월성 안의 민가를 철거하면서 지금의 자리로 옮겨 세웠다. 원래 자리인 월성 안에는 팔각 돌기둥만 남아 있다.

숭신전으로 들어가려면 먼저 입구인 홍살문을 통과하여야 한다. 홍살문은 궁전이나 능(陵) 원(園) 묘(廟) 궁전(宮殿) 관아(官衙) 등의 입구에 두 기둥을 세우고 붉은 칠을 한 문이다. 수직으로 세운 두 개의 둥근 기둥 위쪽에 수평으로 두 개의 나무를 나란히 세우고, 그 두 나무 사이에 화살 모양의 나무를 수직으로 박은 형태에 지붕도 없고 문짝도 없으며, 문의 가운데 윗부분에는 태극 문양이 있다. 태극 문양 위의 지창(枝槍)은 2지창과 3지창으로 나뉜다. 홍살문은 '붉은 화살 문'이라는 뜻이며, 홍전문(紅箭門) 또는 홍문(紅門)이라고도 한다.

홍살문을 통과한 후 영녕문(永寧門), 경엄문(敬嚴門)을 지나면 탈해왕의 위패를 모신 본전인 숭신전에 이르게 된다. 현재 숭신전의 구조는 크게 세 부분으로 되어 있다. 본전을 가운데 두고 왼쪽에 접빈실인 상의재(尙義齋), 오른쪽에 참봉실로 사용하고 있는 상인재(象仁齋)가 있다. 숭신전은 전면 3칸 측면 2칸의 겹처마 맞배집이다. 평소에는 문이 자물쇠로 잠겨 있어서 일반인들이 숭신전 안으로 들어가 볼 수가 없다.

매년 봄 가을 두 차례에 걸쳐 이곳에서 석씨 문중이 중심이 되어 향사를 지내고 있다.

영녕문 밖에는 1921년에 세운 '신라석탈해왕비명(新羅昔脫解王碑銘)' 이라는 비와 비각이 있다. 비의 내용은 김윤식이 짓고 글씨는 윤용구가, 전서는 최현필이 썼다.

비의 내용 중 마지막 부분 일부를 풀어보면 다음과 같다.

"아! 석씨왕은 하늘이 내린 신인(神人)이다. 까치가 울고 배를 대니 아진포가 빛나도다. 남해왕이 높은 식견으로 정사를 모두 맡겼더니 금옥(金玉) 같은 교화가 팔방에 넘쳤도다. 위로부터 왕위를 물려받아 아래로 전해주니 신라에 순(舜)임금의 법도가 행해졌도다…."

『동경통지』에는 '토함산 정상에 석탈해사(昔脫解祠)를 세웠는데 이미 폐한 지가 오래되었다'는 기록이 있다.

숭신전 이외에 신라 왕의 제향을 받드는 곳으로 박씨 시조인 박혁거세왕의 숭덕전이 오릉 안에 있으며, 신라 최초의 김씨 왕인 미추왕과 삼국통일의 대업을 이룬 문무대왕과 신라 마지막 왕인 경순왕의 위폐가 봉안된 숭혜전이 대릉원 담장 바로 바깥에 있다.

마애지장보살상이 있는 이곳이 도량사지일까?

『삼국유사』「의해」편 '사복불언' 조에 의하면
사복이 띠풀을 뽑으니
찬란하고 청허한 세상이 나타났다고 했다.
만약 이곳 절터가 사복과 관련이 있는 도량사지라면
암벽에 조성된 마애불은
광대장엄(廣大莊嚴)을 갖춘 불국토인
연화장세계의 비로자나불(毘盧遮那佛)이어야 한다.

그런데 불상을 자세히 살펴보면
두건을 쓰고 있는 듯하여
지장보살상이 아닐까 하는 생각도 든다.

지장보살은 미래불인 미륵불이 출현하기까지
일체의 중생을 구제하도록 의뢰받은 보살이다.
지옥에서 고통받는 중생들을 구원하기 위하여
지옥에 몸소 들어가 죄지은 중생들을

교화, 구제하는 지옥의 보살이다.

지장보살은 이렇게 다짐했다고 한다.
"지옥이 텅 비지 않으면 성불(成佛)을 서두르지 않고,
일체의 중생을 모두 제도(濟度)하게 되면
그때 깨달음을 이루리라"

셰익스피어의 '햄릿'에서
왕자 햄릿과 재상 폴로니어스가 이런 대화를 주고받았다.
햄릿: 저기 저 구름은 꼭 낙타처럼 생겼군.
폴로니어스: 맹세코 정말 낙타 같습니다.
햄릿: 나는 족제비 같다고 생각하는데…
폴로니어스: 족제비처럼 물러가는군요.
햄릿: 고래 같은데?
폴로니어스: 꼭 고래 같네요.

암벽에 새겨진 불상을 자세히 살펴보니
지장보살이 아닐 수도 있겠다는 생각이 든다.
내가 폴로니어스인가??

• 소금강산에 마애지장보살상이 있다

"정치의 목적은 무엇인가?"

윈스턴 처칠과 함께 가장 위대한 영국의 수상이었다는 글래드스턴은 이 질문에 이렇게 대답했다.

"선을 하기 쉬운 사회, 악이 행하기 어려운 사회를 만드는 것이다."

그러나 최근 우리 정치 상황을 보면 이와는 완전히 반대로 가는 것 같아 안타깝다.

신문 기사, 텔레비전의 방송 내용에 스트레스를 받기보다는 훌쩍 집을 나서 문화유산 답사로 마음을 달래본다.

소금강산 동남쪽 산자락에 있는 마애지장보살상

경주 포항 간 산업도로인 7번 국도에서 예비군 훈련장으로 가거나 숭신전에서 동쪽으로 뻗어있는 마을 안길인 '동천 중리길'을 따라 150여 m 가면 2차선의 아스팔트 길을 만나게 된다. 여기에서 왼쪽으로 예비군 훈련장으로 들어가는 길을 따라가면 소금강산 끝자락이 되는데 바로 그 지점에서 아래로 내려가면 이 마애불상을 만나게 된다. 지번은 동천동 산23번지이고, 현재 비지정 문화유산이다.

이 마애상은 1979년 예비군 훈련장으로 통하는 길을 확장하는 과정에서 발견하여 조사하게 되었다. 조사 당시, 이 불상 이외에 사지(寺址)의 흔적을 찾을 수 없었다고 한다. 그러나 주위를 자세히 살피다 보면 기왓조각을 더러 발견할 수 있다. 그런데 옛 기와가 아니다. 아마 근처에 있었던 민가의 것인 듯하다.

마애상은 남동향을 하고 있으며 길이 2.1m, 높이 0.88m의 암반에 얕게 양각되어 있다. 하반신은 매몰되어 있고 표면은 마모가 심하여 세부 표현을 확인하기 어렵다. 양옆에 새겨진 희미한 선각의 흔적이 있으나 형태를 알아보기 어렵다. 바위면 중간에는 마애상의 목 부분부터 크기 5~7cm, 깊이 3.5~4cm의 쐐기 홈이 8~9개 남아 있는데, 이는 누군가가 석재로 사용하기 위해 바위를 절단하려고 시도한 듯하다.

현재 확인된 마애상의 형상으로 보아 좌상으로 추정되며, 머리 부분은 두건을 쓴 것과 같이 표현되어 있다. 이 불상은 지면으로부터 그 높이가 62cm쯤 된다. 두부(頭部)의 폭은 27cm, 높이가 28cm이며, 어깨 폭은 56cm이다. 이목구비의 표현 및 수인은 확인하기 어려우며, 법의도 상반신에 옷주름이 표현되어 있는 것 이외에는 알 수 없다. 광배는 확인되지 않는다. 양옆에는 선각으로 형상을 새겼던 흔적이 있는데 협시였을 가능성이 있으나 분명하지 않다.

이 마애상은 경주 낭산의 전(傳) 중생사지에 있는 마애보살삼존상의 본존과 유사하게 두건을 쓴 듯한 형상으로 표현되어 지장보살상일 것으로 보고 있다.

지장보살은 석가가 입멸한 뒤 미래불인 미륵불이 출현하기까지 일체의 중생을 구제하도록 의뢰받은 보살이다. 그래서 지장보살은 석가모니불에게 이렇게 다짐했다고 한다.

"지옥이 텅 비지 않으면 성불을 서두르지 않겠나이다. 그리하여 일체의 중생이 모두 제도되면 깨달음을 이루리라."

지금 우리 현실은 지옥이다. 마애지장보살상이 자리에서 벌떡 일어나시어 이 땅의 중생을 제도해 주시기를 염원해 본다.

동천동 제4사지(동천동 산18-2, 숭신전 북동쪽 60m 지점 구릉 하단부)에도 음각인 데다 멸실이 심한 높이 2.5m의 마애여래입상이 있다고 하는데, 아쉽게도 찾을 수가 없었다.

• 사복을 위해 지었다는 도량사

『삼국유사』 「의해」 편 '사복불언' 조에 사복이라는 괴승과 도량사의 창건에 얽힌 설화를 전하고 있다.

서울 만선북리에 있는 과부가 남편도 없이 임신하여 아이를 낳았다. 나이 12세가 되어도 말을 못하고 일어나지 못하므로 사동(蛇童)이라고 불렀다.

어느 날 사복은 그의 어머니가 죽자 원효가 있는 고선사를 찾았다. 원효는 그를 보고 예를 갖추어 맞이했으나 사복은 답례도 하지 않고 이렇게 말했다.

"그대와 내가 옛날에 경을 싣고 다니던 암소가 이제 죽었으니 나와 함께 장사 지내는 것이 어떻겠소?"

"좋습니다."

쾌히 응락하고 원효가 사복을 따라 그의 집으로 갔다. 시체 앞에 이르러 사복은 원효에게 포살계를 요구하였다.

"세상에 나지 말 것이니, 그 죽음이 괴로우니라. 죽지 말 것이니 세상에 태어나는 것이 괴롭도다."

사복은 그 말이 너무 번거롭다고 하니 원효가 고쳐서 말했다.

"죽는 것도, 사는 것도 모두 괴롭도다."

이에 두 사람은 상여를 메고 활리산 동쪽 기슭으로 갔다. 원효가 말했다.

"지혜의 호랑이를 지혜의 숲속에 장사 지내는 것이 또한 마땅하지 않으리오."

이에 사복이 게를 지어 말했다.

"그 옛날 석가모니께서는 사라수 사이에서 열반에 드셨네. 지금 또한 그와 같은 이가 있어, 연화장세계로 들어가려 하네."

말을 마치고 띠풀의 줄기를 뽑으니, 그 밑에 찬란하고 청허한 세계가 나타났다. 칠보로 장식한 난간에 누각이 장엄하여 인간의 세계는 아닌 것 같았다. 사복이 시체를 업고 속에 들어가니 갑자기 그 땅이 합쳐져 버렸다. 이것을 보고 원효는 그대로 돌아왔다.

후세 사람들이 그를 위해서 금강산 동남쪽에 절을 세우고 절 이름을 도량사(道場寺)라 하였다. 이후 해마다 3월 14일이면 점찰회를 여는 것을 상례로 삼았다.

이 설화를 근거로 금강산 동남쪽 마애지장보살상이 있는 곳을 도량사라고 주장하는 이가 있으나 분명하지 않다.

이 설화에 등장하는 사복(蛇福)은 사동(蛇童)·사복(蛇卜)·사파(蛇巴)·사복(蛇伏)이라고도 하였다.

흥륜사 금당에는 신라 십성(十聖)의 소상이 모셔져 있었는데, 그중에 사파(蛇巴)가 있었다고 하니, 그가 바로 사복으로 당시 대단한 고승으로 추앙을 받고 있었다.

결함을 극복하고 보충하려는 생체(生體)의 노력을 정신분석학에서는 보상(報償)이라고 한다. 오른손이 없는 사람이 왼손으로 글씨를 쓰는 경우처럼 같은 종류의 기관에 의한 보상이 있는가 하면, 맹인이 예민한 청각이나 촉각으로 외계를 지각하는 경우처럼 다른 기관에 의한 보상이 있다. 말더듬이였던 데모스테네스는 그리스 제일의 웅변가가 되었다. 이와 같이 보상으로 오히려 보통 이상의 능력을 갖추게 되는 경우를 과보상(過補償)이라 한다. 최근 과보상의 대표적인 사례로 스티븐 호킹을 들 수 있다. 그는 고개조차 제대로 가눌 수 없는 근위축성측색경화증(루게릭병)을 앓고 있지만 최고의 이론물리학자로 평가받고 있다.

사복은 나이 12세가 될 때까지 말하지 못하고 뱀처럼 기어다녔으니 처절한 장애를 가졌던 것이다. 이후 그가 흥륜사 금당의 십성이었으니 과보상의 극적인 사례에 해당한다고 해야 하지 않을까?